CLAUDIA **KÖNIG**

Komm,
reit
mit mir

Pferdewissen für
junge Reiter

Müller
Rüschlikon

Danke!

Für ihre Unterstützung bedanke ich mich ganz herzlich bei

- **Urte Biallas** mit ihren Reitschülerinnen **Isabelle** und **Selina**
- **Katrin Brendle** (www.brendle-fotografie.de)
- **Kenzie Dysli** (www.kenzie-dysli.de)
- **Claudia Eggart** mit **Leonie** und **Sophia** sowie **Laura**
- **Monika Hannawacker** und **Elisabeth**
- **Petra Höss** (www.reitzentrum-lichtenstein.de) und ihren Reitschülern **Carlo**, **Felix**, **Hannah**, **Larissa**, **Leni-Marie**, **Leonie**, **Liv**, **Momo** und **Nadine**
- **Carola von Kessel**
- **Lucy**
- Tierärztin **Claudia Miller**
- **Stefanie Müller**
- **Nicola van Ravenstein** und **Robin** Danke für das schöne Layout und Deinen Zuspruch in den letzten Monaten.
- **Sabine Schweickert** (www.fahrteam-schweickert.de) und **Marie**

Großen Dank auch dem **Pferdesporthaus Loesdau** (www.loesdau.de) für das zur Verfügung gestellte Zubehör.

inhalt

Ich bin seit meiner Kindheit von Pferden begeistert. Sowohl privat als auch beruflich habe ich viel mit Pferden und Reiten zu tun: Ich bin Vorsitzende eines ländlichen Reitvereins mit kleiner Reitschule und Voltigierbetrieb und Programmleiterin im Verlag Müller Rüschlikon. Für das Pferdebuch-Programm bin ich immer auf der Suche nach neuen spannenden Pferde-themen. Wenn Du mit mir Kontakt aufnehmen möchtest, dann schreib mir unter:
komm-reit-mit-mir@mueller-rueschlikon-verlag.de
Ich freu mich auf Dich und helfe Dir gerne weiter.

Vorwort

Lieber Pferdefan,

ich freue mich, Dir ein wenig über Pferde und das Reiten erzählen zu dürfen. Ich war 8 Jahre alt, als ich von meinen Eltern zu Weihnachten einen Shetlandpony-Hengst geschenkt bekam. Ich schwärmte damals natürlich bereits für Pferde. Ich ging zum Voltigieren und hatte auch schon Longenunterricht. Aber ein eigenes Pferd, das hätte ich niemals erwartet. Ich freute mich wie verrückt – wie kann es auch anders sein. »Pascha«, wie ich ihn nannte, teilte sich fortan einen Stall mit »Lizza«, einer Norweger-Stute. Da meine Eltern keine Ahnung von Pferden hatten und ich völlig überfordert war, mussten sie nach einer passenden Unterstützung für mich suchen. Für ein Pferd verantwortlich zu sein war anfangs alles andere als einfach, denn »Pascha« hatte bislang keinerlei Ausbildung genossen, und ich hatte einfach zu wenig Ahnung und Erfahrung. Ganz davon abgesehen war ich auch zu jung für ein eigenes Pferd. Er tanzte mir ordentlich auf der Nase herum. Manchmal waren die Situationen auch recht gefährlich. Zum Glück halfen die Stallbesitzer, und ich bekam Unterricht von einer guten Trainerin, die mir vor allem am Boden ganz viel zeigte. Mit der Zeit wurden »Pascha« und ich dann ein gutes Team. Es entstand recht schnell eine Clique pferdeverrückter Mädchen um diese beiden Pferde, und ich kann Euch sagen, bei uns war immer eine Menge los. Wir unternahmen tolle Ausritte, übernachteten regelmäßig bei den Pferden auf der Weide und verbrachten einfach viele Stunden mit Pferdebeobachten und Pläneschmieden.

Ich wünsche Dir nun viel Freude an Deinem Hobby. Lass Dir ganz viel zeigen und probier ruhig verschiedene Reitstile aus. Den Kauf eines eigenen Pferds – egal ob Pony oder Großpferd –, den solltest Du so lange zurückstellen, bis Du selbstständig mit einem Pferd umgehen kannst und auch die reiterliche Erfahrung besitzt. Sonst geht es Dir am Ende so wie mir mit dem frechen »Pascha«. Im Online-Anhang zu diesem Buch gebe ich Dir noch ein paar Tipps zum ersten eigenen Pferd.

Deine

Claudia

Vorwort

von Kenzie Dysli

Durch meine Eltern bin ich seit meiner Kindheit eng mit Pferden verbunden. Mein Vater setzte mich bereits als zweijähriges Kind vor sich in den Westernsattel. Je älter ich wurde, umso selbstständiger begann ich, mit Pferden zu arbeiten. Das ist lange her, und ich konnte verschiedene Reitstile, wunderbare Ausbilder und natürlich auch viele unterschiedliche Pferde kennenlernen. Vertrauen und Freundschaft, feine Kommunikation und Fairness sind für mich ganz wichtige Prinzipien im täglichen Umgang mit meinen Pferden und das Wichtigste bei der Freiheitsdressur und beim Reiten. Ich wünsche Dir, dass Du auf gute Ausbilder triffst, die Dir eine Menge über Pferde und das Reiten beibringen, dabei sollte immer die feine Kommunikation mit dem Pferd im Vordergrund stehen.

Viele glückliche Momente mit den Pferden,

Deine *Kenzie*

P.S. Wenn Du mehr über mich, meine Heimat Andalusien, mein Seminar-Programm und meine ganz persönliche Art des Reitens und der Freiheitsdressur erfahren möchtest, dann besuche meine Webseite: **www.kenzie-dysli.de**

Bekanntheit erlangte Kenzie durch die Kinofilme Ostwind und Ostwind 2, in denen ihre Pferde Atila, James und Sasou die tierischen Helden spielen. Sie selbst übernahm im Film verschiedene Reit-Szenen für die Hauptdarstellerin. Gemeinsam mit der bekannten Pferde-fotografin Gabriele Boiselle schrieb sie das Buch »Kenzie Dysli und die Pferde«, das im Verlag Müller Rüschlikon erschienen ist.

Komm
mit zu den
Pferden
♥

Das ist ein Eohippus.
Verrückt, wie klein der war,
oder?

Zurück in die Vergangenheit

Pferde, so wie wir sie heute kennen, haben sich über viele Millionen Jahre
aus Tieren entwickelt, die einmal völlig anders aussahen. Der früheste Vorfahre unserer heutigen Pferde war nicht größer als ein Hase, verrückt, wenn
man sich das vorstellt, oder?

Schauen wir uns weiter die Entwicklungsgeschichte der Pferde an. Vor etwa
54 Millionen Jahren, im so genannten Eozän, lebte der erste Vorfahre unserer
Pferde mit dem Namen Eohippus. Dieser Name setzt sich zusammen aus den

griechischen Wörtern »eos«, was Morgenröte bedeutet, und »hippus«, was übersetzt Pferd heißt. Der Eohippus lebte vor allem in Nordamerika, war aber auch in Europa vertreten. Wie dieses kleine Kerlchen genau ausgesehen hat, kann niemand so recht sagen. Sicher ist, dass es etwa 40 Zentimeter groß war. Wahrscheinlich hatte es ein Fell, sicher ist, dass es im Wald lebte und sich von Blättern ernährte. An den Vorderfüßen hatte der Eohippus vier und an den Hinterfüßen drei Zehen.

Wenn ich über dieses Mini-Urpferdchen nachdenke, kommt mir spontan das Falabella-Pony in den Sinn, diese kleinste Ponyrasse kennst Du vielleicht bereits. Falabellas wurden allerdings ganz bewusst vom Menschen so gezüchtet. Das kleinste bekannte Falabella war »Sugar Dumpling«. Es gehörte einer Familie in West Virginia, USA. Dieses Stütchen war nur 51 cm groß und wog knapp 13 Kilo. Äußerlich hat das Falabella sicher nichts von einem Urpferd, das Beispiel sollte Dir nur dabei helfen, Dir seine Größe vorzustellen.

Falabellas sind die kleinsten Pferde der Welt. Sie erreichen eine Größe von maximal 86 Zentimetern; Fohlen messen teilweise unter 40 Zentimeter. Da sie intelligent und dem Menschen so zugetan sind, werden Falabellas in Amerika als Blindenführ-Pferde ausgebildet. Es gibt bereits Tiere im Einsatz.

Im Laufe vieler Millionen Jahre entwickelte sich dieses Tierchen vom Laub-
zum Grasfresser mit drei und später mit nur einer Zehe. Weitere frühe Pfer-
deahnen waren der Mesohippus und der Parahippus. Vor etwa 20 Millionen
Jahren veränderte sich in Nordamerika das Klima, die Wälder verschwanden
immer mehr, und es bildeten sich riesige Steppenlandschaften. Die Pferde
passten sich in ihrem Körperbau den neuen Bedingungen an, sie wurden
größer und ihre Beine länger. Auf der Suche nach Nahrung mussten sie weite
Strecken in der Steppe zurücklegen, mit kurzen Stummelbeinchen wären sie
da nicht vorangekommen.

Auch das Gebiss der Pferde veränderte sich mit der Zeit und passte sich den
neuen Gegebenheiten an. Flachkronige Zähne wurden durch hochkronige

Wildpferd gemalt in
der Höhle von Lascaux in
Frankreich

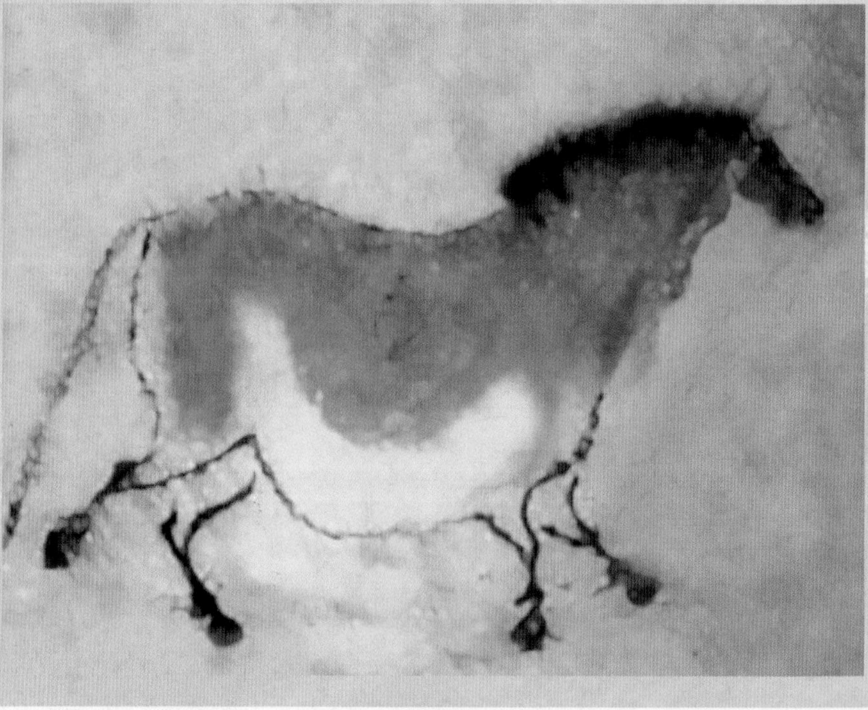

ersetzt, damit konnten die Pferde das Gras entsprechend gut abzupfen. Das erste grasfressende Pferd war Merychippus, ihm folgte Pliohippus. Die heutige Gattung Equus entstand im so genannten Pleistozän vor etwa zwei Millionen Jahren.

Die Urpferde bevölkerten vor etwa einer Million Jahren nur Nord- und Südamerika. Viele der kleinen Pferde begannen aus unbekannten Gründen während der letzten Eiszeit abzuwandern, das war vor etwa 10.000 Jahren. Sie kamen über die damals noch vorhandene Landbrücke nach Asien und Europa. Die Tiere gehörten alle der Art Equus ferus an.

Man kann in der Höhle von Lascaux in Frankreich das 14.000 Jahre alte Bild eines Wildpferdes betrachten. Vielleicht machst Du mal Urlaub in dieser Gegend Frankreichs, dann kannst Du Dir diese Zeichnung ansehen. Auf dem nordamerikanischen Kontinent starben die Urpferde völlig aus. Wahrscheinlich entwickelten sich in den verschiedenen Klimazonen der Erde unterschiedliche Wildpferdetypen, aus denen eine Vielfalt von Pferderassen entstand.

Erst vor rund 6000 Jahren kamen die ersten Menschen auf die Idee, Pferde für sich arbeiten zu lassen. Man weiß durch Funde, dass vor etwa 5000 Jahren erstmals Syrer Pferde vor den Wagen spannten. Bis dahin waren Hunde oder Ochsen die Helfer der Menschen. Seit einigen tausend Jahren hat der Mensch auch in die Entwicklung des Pferdes eingegriffen. Man nennt das Zucht. Aus unterschiedlichen Vorstellungen von Pferden, in erster Linie in Hinblick auf ihren Nutzen für den Menschen, sind verschiedene Pferderassen entstanden.

Bevor der Mensch damit begonnen hat, Pferde zu züchten, war eine Rasse nur eine Tiergruppe, die in einer bestimmten Gegend lebte. Innerhalb dieser Gruppe entwickelten sich ähnliche Körpermerkmale wie Farbe oder Größe. Auch die Umwelt beeinflusste das Aussehen der Tiere. Heute sind alle Pferderassen in einem so genannten Stutbuch genau definiert. Die Tiere sind über einen längeren Zeitraum unter strenger Auswahl gezüchtet worden und müssen klar festgelegte Merkmale aufweisen, um einer bestimmten Rasse anzugehören.

Australien: Brumbies (unter anderem Snowy Mountains in Südostaustralien, Northern Territory und Queensland)

Deutschland: Dülmener Wildpferde im Merfelder Bruch

England: Exmoor-Pony (Südwestengland, Exmoor-Nationalpark), Dartmoor-Pony (Südwestengland, Dartmoor), New-Forest-Pony (New-Forest-Nationalpark, Südengland)

Namibia: Wildpferde in der Namib-Wüste (Südwest-Namibia)

Neuseeland: Kaimanawa Wildpferde (Kaimanawa Gebirge im Norden)

Sardinien: Giara-Pferde oder Achetta-Ponies (italienisch: Cavallini della Giara)

Schweden: Im Wald Lojsta hed in der Mitte der Insel Gotland: Gotland-Ponys

Südafrika: Wildpferde vom Westkap, unweit von Kapstadt

Südfrankreich (Rhonedelta): Camargue-Pferde

USA: Nevada, Montana, Wyoming, Oregon und in weiteren Staaten: Mustangs

Es gibt in verschiedenen Ländern der Erde noch Herden »verwilderter« Pferde ...

Wo heute noch wilde Pferde leben

Echte Wildpferde findet man heute nicht mehr. Doch es gibt in verschiedenen Ländern der Erde Herden »verwilderter« Pferde. Sie stammen von Haustieren ab und leben wie ihre wilden Vorfahren, (beinah) ohne ein Eingreifen des Menschen. Ich erwähne hier verschiedene Orte auf verschiedenen Kontinenten.

Schau doch auf einer Weltkarte nach, wo diese Orte liegen. Vielleicht bist Du irgendwann einmal in Amerika, England oder Frankreich und kannst nach den Wildpferden Ausschau halten.

Ich kann Dir sagen, es ist ein einmaliges Erlebnis. Ich konnte die Wildpferde in den Pryor Mountains in Wyoming bei einer Reise in die USA beobachten, diesen Tag bei den Wildpferden werde ich nie vergessen. Die »Pryor Mountain Wild Horse Range«, das ist ein komplizierter Name, ich weiß, vielleicht kannst Du ihn Dir trotzdem merken, ist ein riesiges Gebiet mit einer der letzten frei lebenden Mustangherden. Mustangs sind die wild lebenden Pferde Nordamerikas, die von verwilderten Hauspferderassen abstammen. Ich habe stundenlang in der Nähe einer Wasserstelle gesessen und konnte von dort aus die Mustangs beobachten. Die Stuten mit ihren Fohlen, ganz in der Nähe ein schwarzer Hengst bei einem Kampf mit einem Halbstarken aus der Herde. Das war sehr beeindruckend.

Es gibt zwei Unterarten von Wildpferden, die bis ins 19. und 20. Jahrhundert in Freiheit überlebten: der russische Tarpan und das mongolische Przewalski-Pferd. Das Przewalski-Pferd ist die einzige Wildpferdeart, die auch heute noch zu finden ist. Ihren Namen hat sie von dem russischen Forscher Nikolai

Es gibt sie noch: echte Mustangs!

Przewalski-Pferd

Michailowitsch Przewalski, der 1878 von einer Expedition nach Zentralasien Knochen dieser Pferde in seine Heimat St. Petersburg mitbrachte und untersuchte. Großgrundbesitzer und Zoos züchteten diese Dinosaurier unter den Wildpferden dann weiter. Heute trifft man auf Przewalski-Pferde zum Beispiel in der Stuttgarter Wilhelma.

Die ersten Pferde, die von Europa nach Amerika kamen, waren die Hengste der Soldaten. Mit den Siedlern aus Europa kamen dann auch Stuten in die »Neue Welt«, so nannte man das von den Spaniern unter Christoph Kolumbus 1492 wiederentdeckte Amerika. Bald breiteten sich entlaufene Tiere und deren Nachkommen über ganz Nord- und Südamerika aus und vermehrten sich rasant.

Heute ist die Zahl der nordamerikanischen Mustangs, die einst in großen Herden die Prärien durchstreiften, auf wenige 10.000 Pferde zurückgegangen. Über die Hälfte aller nordamerikanischen Mustangs leben in den Bundesstaaten Nevada, Montana, Wyoming und Oregon. Seit 1971 wird der

Bestand der Mustangs von einer staatlichen Behörde kontrolliert, die unter anderem festlegt, wie viele Mustangs in Freiheit leben dürfen. Da die Behörde der Meinung ist, dass es zu viele sind, werden die Pferde regelmäßig mit Hubschraubern zusammengetrieben, eine schlimme Tortur für die Tiere, dann eingefangen, an Privatleute abgegeben oder als Schlachtvieh verkauft.

In Australien gibt es mehr wild lebende Pferde als sonst irgendwo auf der Welt. Die so genannten Brumbies stammen von Pferden ab, die nach dem Goldrausch in der Mitte des 19. Jahrhunderts freigelassen wurden. Brumbies gelten als ausdauernd, schnell und wild. Sie kommen in vielen Regionen Australiens vor, in der Gegend der »Snowy Mountains« in Südostaustralien oder im »Northern Territory«.

Auch in Afrika stößt man auf verwilderte Hauspferde. Die Wüstenpferde, Namibische Wildpferde oder Namib-Pferde leben am Rande der Namib-Wüste im Südwesten von Namibia und können an einem Ort namens Garub von einem Unterstand aus beobachtet werden. Von ihnen gibt es noch ungefähr 180 Pferde.

Namibische Wildpferde bei Garub

Brumbies in Australien

Exmoor-Ponys und Camargue-Pferde

Wild leben auch die Herden britischer Ponys, die Dales-, Connemara-, Highland-, Exmoor-, Dartmoor- und New-Forest-Ponys. Hier erwähne ich nur das Exmoor-Pony. Diese ursprüngliche und seltene Rasse lebt nahezu wild im Exmoor, dem Naturschutzgebiet im südwestlichen England zwischen Devon und Somerset. Hier leben zwölf Herden. 1920 wurde die »Exmoor Pony Society« gegründet und begann mit der gezielten Zucht der Rasse. 2010 wurde der Bestand auf 800 Tiere weltweit geschätzt.

Das Camargue-Pferd zählt auch heute noch zu einer der letzten wild leben-den Pferderassen. In Gruppen von 40 bis 50 Tieren leben die weißen Pferde der Camargue in den Sumpflandschaften und auf den Weideflächen im Süden Frankreichs. Nur einmal im Jahr werden sie eingefangen, von Fachleuten untersucht und gekennzeichnet. Dabei erhalten die Fohlen, die übrigens immer als Braune oder Rappen geboren werden, eine Brandmarke. Hengste, die nicht für die Zucht geeignet sind, werden kastriert.

Camargue-Pferde können mit geschlossenen Nüstern unter Wasser weiden, diese Tatsache fasziniert mich. Sie sind so genannte Spätentwickler und erst im Alter von fünf bis sieben Jahren ausgewachsen. Sie werden jedoch relativ alt und sind dabei von robuster Gesundheit.

Wenn Du Dir Bilder der Camargue-Pferde ansiehst, wirst Du häufig Kuhreiher auf ihnen sitzen sehen. Diese Vögel kommen eigentlich aus Afrika und sind heute auch in der Camargue zuhause. Sie nutzen den Rücken der Pferde als Sitzplatz und halten das Pferdefell frei von Ungeziefer.

In Deutschland kann man ebenfalls Wildpferde erleben, die so genannten Dülmener. Fast 700 Jahre lebt diese Ponyrasse bereits im nordrhein-westfälischen Dülmen, im 350 Hektar großen Naturschutzgebiet Merfelder Bruch. Stell Dir 500 Fußballfelder aneinandergereiht vor, das ist die Fläche des Reservats, auf dem sich diese Ponys bewegen. Im Merfelder Bruch leben knapp 400 Pferde. Die Wildpferdebahn ist bei gutem Wetter samstags und sonntags sowie an Feiertagen von März bis November für Besucher geöffnet. Vielleicht bist Du ja mal in der Nähe und kannst die Dülmener besuchen. Am letzten Samstag im Mai findet der jährliche Wildpferdefang statt, da ist immer ganz schön was los. Die einjährigen Hengste werden gefangen und dann versteigert. Das Dülmener Wildpferd gilt als gutmütig, genügsam und gelassen. Es ist als Reitpferd vor allem für Kinder oder auch als Fahrpferd sehr beliebt.

Dülmener Stuten mit Fohlen im Merfelder Bruch

Die *bunte* Pferdewelt

Nun schauen wir uns die heutigen Pferderassen an, auf die Du in Deiner Reitschule vielleicht stoßen wirst.

Warmblutpferde – die Alleskönner

Der eine schwört auf Ponys, für den anderen muss es unbedingt ein Araber sein. Für den Dritten kommt nur ein Isländer in Frage. Warmblutpferde sind zahlenmäßig in der Überzahl. Warmblut, dieser Begriff wird nur in Deutschland gebraucht. Er bezeichnet Pferderassen, die im Allgemeinen auf der Grundlage heimischer Pferde entstanden sind. Diese wurden wiederum mit dem Englischen und dem Arabischen Vollblut veredelt und später in Reinzucht oder durch Einkreuzungen anderer leistungsstarker Warmblutrassen weiter gezüchtet.

Was für ein Pferd sucht jemand, wenn er ein Warmblutpferd kaufen möchte? Er sucht meist einen Alleskönner, der in allen Reitdisziplinen freudig und eifrig

mithält. Heute züchtet man Warmblutpferde praktisch ausschließlich für den Reitsport.

Warmblutpferde sind in der Regel eher groß und verfügen dadurch auch über viel Körperkraft. Sie haben meist schwungvolle Gänge, an die Du Dich, wenn Du auf ihnen reitest, erst einmal gewöhnen musst. Zudem sollte man berücksichtigen, dass sie als Leistungspferde gezüchtet werden und dadurch Aufgabenstellungen brauchen, die Kopf und Körper »auf Trab« halten.

Deutsches Reitpferd

In jedem deutschen Bundesland gibt es eigenständige, meist traditionsreiche Gestüte. Zu den bekanntesten zählen das niedersächsische Landgestüt Celle, das Landgestüt Warendorf (Nordrhein-Westfalen) und das Haupt- und Landgestüt in Marbach (Baden-Württemberg). Für jedes Bundesland bzw. Zuchtgebiet gibt es ein eigenes Brandzeichen. Durch strenge Auslese werden elegante, kräftige und athletische Warmblüter gezüchtet. Diese Pferde sollen sich aufgrund ihres Körperbaus, ihres Temperaments und Charakters für alle Reitzwecke eignen.

Eine Auswahl von Brandzeichen aus Deutschland

Hannoveraner — Hesse — Holsteiner — Mecklenburger — Odenburger — Rheinländer — Trakehner — Württemberger

Hannoveraner –
erfolgreiche Sportler
Diese Reitpferderasse gehört zahlenmäßig zu den stärksten Warmblutzuchten auf der ganzen Welt und hat Spitzensportler auf internationalem Niveau in den Disziplinen Springen, Dressur und Vielseitigkeit hervorgebracht. Der Hannoveraner ist aber genauso beliebt als Fahr-, Jagd- und Freizeitpferd.
Stockmaß/Farbe/Merkmale: ca. 160–185 cm; alle Grundfarben; modernes Sportpferd, gilt als gelehrig, aufmerksam und temperamentvoll

Trakehner –
der mit dem Elchschaufel-Brand
Er gilt als die älteste deutsche Reitpferderasse. Trakehner wurden die Pferde genannt, die im Hauptgestüt Trakehnen (Ostpreußen) geboren wurden. Pferde, die außerhalb des Hauptgestüts Trakehnen geboren wurden, bezeichnet man als Ostpreußisches Warmblut Trakehner Abstammung. Sie tragen als Brandzeichen die doppelte Elchschaufel auf der linken Hinterhand.
Stockmaß/Farbe/Merkmale: ca. 160–170 cm; alle Grundfarben; charakterstarkes und ausdauerndes Reitpferd

Baden-Württemberger –
Reitpferde von der Schwäbischen Alb
Ihre Geschichte ist eng mit dem Haupt- und Landgestüt in Marbach (Baden-Württemberg) verbunden. Um 1960 begann mit dem Trakehner Julmond die Umformung zu einem modernen Reitpferdetyp. Der Württemberger ist vielseitig einsetzbar und erfolgreich in Dressur, Springen und Fahren.
Stockmaß/Farbe/Merkmale: ca. 160–177 cm; alle Grundfarben, oft Füchse und Braune; elegante, großlinige Reitpferde

Holsteiner –
Pferde mit viel Springvermögen
Seit dem Mittelalter ist die Holsteinerzucht eine bedeutende Zucht nobler, kräftiger Pferde. Heute züchtet man Holsteiner ganz im Sinne des Deutschen Reitpferdes, leichter und mit Blick auf den Sport. Dazu gehören die Eigenschaften eines edlen, gehfreudigen, muskulösen und vielseitigen Pferdes.
Stockmaß/Farbe/Merkmale: ca. 165–175 cm; alle außer Schecken; sportliche, ausdrucksvolle Reitpferde

Friesen –
die »schwarzen Perlen« aus Friesland
Friesen werden vorwiegend als Dressurpferde in der klassischen Reitweise bis zur so genannten Hohen Schule ausgebildet oder als Fahrpferde eingesetzt. In der Friesenzucht geht es streng zu wie kaum bei einer anderen Rasse, nur die allerbesten Hengste werden zugelassen.
Stockmaß/Farbe/Merkmale: ca. 155–175 cm; stets Rappen; schwere, edle Pferde mit viel Aufrichtung

Knabstrupper –
kennst du Pippis »Kleinen Onkel«?
Der Knabstupper ist eine Barockpferderasse aus Dänemark. Er ist ein freundliches und gelehriges Reit- und Fahrpferd für die ganze Familie. Schon immer ist er gerne als Schaupferd und im Zirkus eingesetzt worden. Sein breiter, gerader Rücken macht ihn zum idealen Voltigierpferd.
Stockmaß/Farbe/Merkmale: ca. 149–157 cm; Tigerschecken in 5 Varianten; Kötenmaul, Ringaugen, oft gestreifte Hufe

Andalusier –
Pura Raza Española
Heute züchtet man Andalusier vor allem in der Region um Jerez de la Frontera (Andalusien, Spanien), wo sich seit 1973 die Königlich-Andalusische Reitschule befindet. Diese Pferde bestechen durch ihre eleganten Bewegungen und ihre große Sprungkraft. Pura Raza Española bedeutet reine Spanische Rasse.
Stockmaß/Farbe/Merkmale: ca. 155–165 cm; oft Schimmel, Braune, Isabellen, Rappen; Reitpferde mit großer Ausstrahlung

Lusitanos –
klassische Stierkampfpferde
Ihr Name kommt aus dem Lateinischen und heißt nichts anderes als: Portugiese. Der Lusitano stammt also aus Portugal. Zu seinen Ahnen zählen Sorraias sowie andalusische Pferde. Er ist dem Andalusier im Typ sehr ähnlich. Lusitanos werden heute noch bei Stierkämpfen zu Pferde eingesetzt.
Stockmaß/Farbe/Merkmale: ca. 155–160 cm; oft Schimmel, Braune und Falben; mittelgroße, edle Pferde mit starkem Hals und hoher Aufrichtung

Kaltblüter – die sanften Riesen

Kaltblüter und Warmblüter unterscheiden sich nicht durch ihre Bluttemperatur, wie man vielleicht irrtümlich annehmen könnte. Deutliche Unterschiede gibt es aber in der Schwere ihres Knochenbaus und damit in ihrer Kraft und Leistungsfähigkeit. Kaltblut und Warmblut beschreibt somit einen bestimmten Pferdetyp. Betrachtet man den Gemütszustand, die Art und Weise, wie die »sanften Riesen« sich bewegen, so kann man von einer gewissen »Kaltblütigkeit« bei ihnen sprechen. Ruhe und Gelassenheit und Gutmütigkeit sind wesentliche Charaktereigenschaften von Kaltblütern. Ihr Gewicht von teilweise über 800 kg kommt leicht an das eines kleinen Autos heran.

Vor allem vor der Erfindung des Traktors und des Lastwagens wurden Kaltblüter gezüchtet. Viele Freizeitreiter schätzen leichte Kaltblüter heute auch beim Reiten. Sie kommen zudem vermehrt wieder in der Landwirtschaft und zur Waldarbeit zum Einsatz. Die Kraft der fleißigen Arbeitspferde ist verblüffend. Zu den aufregendsten und beeindruckendsten Erlebnissen, die man mit Kaltblütern haben kann, gehört die Arbeit mit dem Pferd im Wald. Wer einmal beobachtet hat, mit welcher Kraft die dicksten Stämme aus dem Wald gezogen werden, wie eingespielt das Mensch-Pferd-Team zusammenarbeitet, wird jeden verstehen, der sein Herz an die sanften Riesen verloren hat.

Das Shire Horse gilt mit einem Stockmaß von durchschnittlich 1,78 m als die größte Pferderasse der Welt. Den Größenrekord hält der Wallach »Sampson«, der Mitte des 19. Jahrhunderts in England lebte. Er maß 2,19 m. Das Stockmaß eines Pferds wird am Widerrist gemessen. Die sympathischen Riesen werden meist zum Fahren eingesetzt, aber durchaus auch geritten.

Percheron –
800 kg Lebendgewicht

Diese Rasse stammt aus dem Perche-Gebiet im Nordwesten Frankreichs. Das Percheron ist eine alte Kaltblut-Pferderasse, in die oft orientalische und andalusische Hengste eingekreuzt wurden. Percherons haben einen schön gewölbten Hals, eine breite Brust und einen tonnigen Rumpf. Diese mächtigen Pferde wiegen meist über 800 kg.
Stockmaß/Farbe/Merkmale: ca. 160–172 cm; meist Schimmel, Rappen; schwere Zugpferde, ausdrucksvolle Augen, wenig Behang

Noriker –
gute Nerven und Ausdauer

Der Noriker erhielt seinen Namen schon vor gut 2000 Jahren zur Römerzeit. »Noricum« ist die lateinische Bezeichnung seines Zuchtgebietes in Kärnten (Österreich). Typisch ist die gespaltene Kruppe und seine auffällige Färbung. Viele Freunde des Norikers betreiben heute Farbzucht, daher ist die Tigerscheckung verbreitet.
Stockmaß/Farbe/Merkmale: ca. 155–170 cm; Füchse, Rappen, Braune, Tigerschecken, Blauschimmel; schwere Reit- und Zugpferde

Schwarzwälder Füchse –
Kaltblüter mit Pfiff

Wenn Schwarzwälder in die Bahn kommen, dann sind sie mit ihren wallenden, blonden Mähnen sofort die Lieblinge des Publikums. Das Schwarzwälder Kaltblut ist eine alte Rasse, die für die schwere Waldarbeit im Schwarzwald (Baden-Württemberg) gezüchtet wurde. Schwarzwälder sind heute auch als Freizeitpferde sehr beliebt.
Stockmaß/Farbe/Merkmale: ca. 148–160 cm; meist Füchse oder Dunkelfüchse mit heller Mähne; robust, ausdauernd, flotte Gänge

Freiberger –
Kaltblüter aus dem Schweizer Jura

Der Freiberger ist die letzte ursprüngliche Schweizer Pferderasse und wird heute als leichtes Kaltblut oder schweres Warmblut bezeichnet. Der Freiberger war ursprünglich das Schweizer Bauernpferd, das bei der Landwirtschaft kräftig mithalf. Heute gelten Freiberger als ideale Freizeitpartner.
Stockmaß/Farbe/Merkmale: ca. 148–162 cm; meist Braune, Füchse, gelegentlich auch Schimmel; kompakte Pferde mit vielen Talenten

Vollblüter – Pferde von Adel

Ist die Rede von Vollblütern, so denkst Du sicher schnell an die Rennbahn. Die Zucht des Englischen Vollblutes errang durch die Galopprennen einen hohen Stellenwert, sodass es sich zwangsläufig ergab, dass man das Englische Vollblut nur mit »Vollblut« bezeichnete. Vollblüter, das bedeutet in jedem Fall Schnelligkeit und Ausdauer. Neben dem Englischen gibt es aber viele andere Pferderassen, die sich unter dem Oberbegriff Vollblut einordnen lassen. Das Englische und das Arabische Vollblut sind dabei sicher die bekanntesten. Wusstest Du, dass Vollblüter zur Veredelung fast aller Warmblutrassen eingesetzt wurden und werden?

Vollblutpferde sind durchweg schlanke Tiere mit langen Beinen. Typisch ist zudem ihre dünne Haut, die die Tiere relativ berührungsempfindlich macht. Ihr Charakter kann als sensibel bezeichnet werden.

Arabisches Vollblut –
das Pferd, das aus der Wüste kam

Das Arabische Vollblut gilt als die älteste und edelste Pferderasse der Welt. Bereits 2000 Jahre v. Chr. soll es auf der Arabischen Halbinsel Rennen mit Pferden arabischen Typs gegeben haben. Über den Ursprung des Arabischen Pferdes gibt es sehr viele Legenden. Vor allem der Galopp fasziniert, er ist leicht, schnell und sehr ausdauernd.
Stockmaß/Farbe/Merkmale: ca. 140–156 cm; alle Farben außer Schecken; elegante, zierliche Pferde in Quadratform, oft Hechtkopf

Englisches Vollblut –
schnelle Rennpferde

Heute wird das Englische Vollblut weltweit für den internationalen Rennsport gezüchtet. Es ist eine reine Leistungszucht mit dem Hauptziel – Geschwindigkeit. Daraus hat sich über Jahrzehnte ein Pferd entwickelt, das über die Mittelstrecke am schnellsten ist.
Stockmaß/Farbe/Merkmale: ca. 150–170 cm; meist Braune und Füchse, wenig Schimmel und Rappen; schmales, elegantes Pferd, edler Kopf, hochbeinig

Westernpferde –
Quarter Horse, Paint, Appaloosa & Co.

Westernpferde und Westernreiten sind in! Die drahtigen, teilweise bunt gescheckten Westernpferde mit ihrer Original-Ausrüstung, wie Westernsattel und schön verziertes Zaumzeug, Reiter in Chaps, mit Boots und Cowboyhut, sind längst keine Seltenheit mehr. Das nordamerikanische Quarter Horse, der Paint und der Appaloosa sind die klassischen Westernpferderassen. Bei der Zucht wird größter Wert auf Gelassenheit gelegt, daher werden diese Pferde auch in Deutschland immer beliebter.

Die amerikanische Reitweise ist eine Alternative zum Reitsport, den Du in Deiner Reitschule höchstwahrscheinlich kennenlernst. Sie hat sich aus der Arbeit der Cowboys auf der Ranch entwickelt. Das Ziel der Ausbildung eines Westernpferdes ist ein entspanntes Reitpferd, das sich mit geringem Aufwand und wenig Hilfengebung kontrollieren lässt. Der Begriff Horsemanship, über den Du sicher beim Lesen von Artikeln oder Büchern stolpern wirst, steht für einen praxisorientierten, fachgerechten und fairen Umgang mit dem Pferd.

Beim Westernreiten gibt es verschiedene Turnierklassen, in denen Reiter ihr Können unter Beweis stellen müssen. Bei der Disziplin »Cutting« beispielsweise wird die Zusammenarbeit von Reiter und Pferd bei der Arbeit mit einem Rind gezeigt. Das Pferd muss ein Rind aus einer Herde aussondern und zudem dem Rind selbstständig die Rückkehr zur Herde verwehren.

In der Führzügelklasse (Leadline-Prüfung) werden die Kids von einem älteren Begleiter auf ihrem Pferd oder Pony geführt. Bewertet werden dabei das Zusammenspiel von Pferd, Reiter und Begleiter sowie der gute Sitz des Reiters.

Das American Quarter Horse –
Vielseitigkeit aus Nordamerika

Das Quarter Horse ist die vielseitigste und zahlenmäßig größte Pferderasse der Welt. In Europa sieht man diese Pferde meist unter dem Westernsattel. In ihrer Heimat gehen sie genauso vor dem Wagen, sind im Springparcours zu sehen oder liefern sich Kopf-an-Kopf-Rennen auf der Rennbahn.
Stockmaß/Farbe/Merkmale: ca. 145–170 cm; alle Grundfarben, Falben, Isabellen, keine Schecken; athletischer Körperbau, gut bemuskelt, auffallend starke Hinterhand

Das Paint Horse –
das »bemalte« Quarter Horse

Es ist ein geschecktes Quarter Horse und ein sehr athletisches Pferd. Man unterscheidet drei Zeichnungsmuster bei den Paints: Overo, Tobiano und Tovero. Die Anordnung der weißen Abzeichen unterscheidet sich dabei, sie reichen von einem kleinen Fleckchen auf rosa Haut bis hin zu überwiegend weißer Färbung.
Stockmaß/Farbe/Merkmale: ca. 142–160 cm; verschiedene Zeichnungsmuster; Scheckung, starke Hinterhand

Der Appaloosa –
das Pferd der Nimipu-Indianer

Er stammt vom spanischen Pferd ab, das im 18. Jahrhundert nach Nordamerika importiert wurde. Seine Entwicklung soll von den Nimipu-Indianern in Nordamerika ausgehen. Appaloosas sind hierzulande Freizeit- und Sportpferde, die vor allem im Westernbereich sehr beliebt sind.
Stockmaß/Farbe/Merkmale: ca. 145–165 cm; Tigerscheckung in verschiedenen Varianten; kräftiges Quadratpferd, kleiner edler Kopf, quergestreifte Hufe, »Menschenaugen«

Criollo –
der kleine Südamerikaner

Ein kompaktes Pferd von sehr verlässlichem Wesen. Er geht auf die ersten Pferde spanischer Herkunft zurück, die mit Christoph Kolumbus nach Südamerika gekommen waren. Sie sind die Reitpferde der Gauchos, der berittenen Viehhirten Südamerikas. Sie haben bequeme, nicht sehr raumgreifende Gänge, gelten als zäh und leistungsbereit.
Stockmaß/Farbe/Merkmale: ca. 140–145 cm; verschiedene Farbvarianten, auch Schecken; kompaktes, muskulöses Pferd

Gangpferde –
sie können etwas mehr ...

Unter Gangpferden versteht man Pferde, die neben Schritt, Trab und Galopp noch weitere Varianten zeigen. So heißt z.B. das Zauberwort bei den Isländern »Tölt«. Diese Gangart hebt das Islandpferd von vielen anderen Rassen ab. Manche Isländer zeigen noch einen weiteren Gang, den Rennpass.

Weitere Gangpferderassen in Deutschland sind der Aegidienberger und Töltende Traber. Aus Südamerika stammen Rassen wie Mangalarga Marchador oder Paso Fino, aus Nordamerika das Tennessee Walking Horse oder der Missouri Foxtrotter. Diese Pferde sind vor allem bei Freizeitreitern sehr beliebt, die experimentierfreudig und auf der Suche nach Alternativen zum Reiten im herkömmlichen Sinne sind.

Isländer – die Robusten aus dem hohen Norden
In den 1950er-Jahren kamen die ersten Isländer nach Deutschland. Seitdem wächst ihre Fan-Gemeinde immer mehr. Das könnte Dich noch interessieren: Nach Island dürfen keine Pferde eingeführt werden. Die Isländer machen das, um Krankheiten zu vermeiden. Pferde, die in Island geboren wurden und einmal die Insel verlassen haben, dürfen nicht wieder zurück.
Stockmaß/Farbe/Merkmale: ca. 130–148 cm; alle Grundfarben, viele Farbvarianten, auch Schecken; kräftiges Kleinpferd mit typischem Ponykopf, meist sehr üppiger Behang

Ponys und Kleinpferde –
die Kleinen ganz groß

Jedes Pferd unter einem Stockmaß von 148 cm ist ein Kleinpferd. Die Bezeichnung Kleinpferd hat den Ausdruck Pony aber weitestgehend abgelöst. Das durchschnittliche Kleinpferd liegt zwischen 130 und 140 cm. Verschiedene Kleinpferderassen gibt es aber auch im Pferdetyp und größer als 148 cm.

Viele Ponyrassen haben eine interessante Entwicklungsgeschichte hinter sich. Schaut man sich die Geschichte der Shetlandponys genauer an, so findet man heraus, dass diese kleinen, zähen Ponys in England in den Kohlegruben als so genannte »Pit Ponies (Gruben-Ponys)« arbeiten mussten. In den 1930er-Jahren lebten noch mehr als 30.000 Tiere unter Tage, das heißt, sie blieben nach getaner Arbeit in der Grube. Als man begann, Pferde im Bergbau einzusetzen, transportierte man sie bei Arbeitsbeginn in Förderkörben in die Grube und nahm sie bei Feierabend wieder mit hoch. Später wurden Sammelställe gebaut, in denen die Pferde blieben. Hier gab es zwar Frischluftzufuhr, aber natürlich nur elektrisches Licht. Ein trauriges Leben für unsere Pferde, die Licht, Luft und Bewegung so sehr lieben. Erst im Winter 1994 wurde die Zeche »Ellington Colliery« in der Nähe von Northumberland in England geschlossen, und die letzten vier Ponys wurden befreit.

Neben ihrem Einsatz als Arbeitspferde sind die meisten Kleinpferderassen vielseitige Freizeitpferde und Reitpartner für Kinder und Jugendliche. Ursprünglich züchtete man kleine Pferde, weil sie wendiger, geländegängiger und robuster waren. Besonders in gebirgigen Regionen mit ungünstigen Wetterbedingungen entstanden leistungsbereite Kleinpferde wie z.B. Haflinger oder Fjordpferde.

Bei der Auswahl eines Kleinpferdes sollte man sich nicht nur von seiner Schönheit lenken lassen. Wichtig sind seine Einsatzfähigkeit und sein Charakter.

Das Deutsche Reitpony –
Warmblut im Kleinformat
In den 1960er-Jahren begann man, robuste Ponyrassen mit Arabern zu kreuzen, um ein handliches Turnierpferd hauptsächlich für Kinder zu erhalten. Das Vorbild war das »British Riding Pony«. Das Ergebnis war ein recht temperamentvolles Pferd, bei dem auf sehr gute Grundgangarten sowie Springvermögen geachtet wurde. Deutsche Reitponys sind ausdauernd, einsatzwillig und mutig.
Stockmaß/Farbe/Merkmale: ca. 130–148 cm; alle Grundfarben, selten Schecken; elegantes Kleinpferd

Connemara Ponys –
die vielseitigen Iren
Die raue Berg- und Moorlandschaft in Connemara an der Westküste Irlands ist die Heimat dieser Rasse. Die zähen Ponys leben dort noch halbwild in Herden. Ihre Größe bis zu 148 cm macht sie auch zu geeigneten Freizeitpferden für Erwachsene. Aufgrund ihres Temperaments werden sie in Irland noch gerne als Jagdpferde eingesetzt.
Stockmaß/Farbe/Merkmale: ca. 140–148 cm; schimmel- und falbfarben, Rappen, Braune, selten Füchse; kompakte Ponys im Reitpferdetyp

Tinker –
Pferde der fahrenden Händler
Tinker waren ursprünglich die Arbeitstiere fahrender Kesselflicker (Tinker) in Großbritannien und Irland. Die Travelers oder Romanies (»fahrende Leute« oder Roma) mussten sich mit Pferden begnügen, die sie sehr billig bekommen konnten. Viele Tinker ziehen noch heute bunte Wagen durch Irland.
Stockmaß/Farbe/Merkmale: ca. 128–148 cm; Schecken; kräftiges Allzweckpferd, im Typ schwankend, viel Behang, üppiges Langhaar

Haflinger –
die hübschen Blonden aus Südtirol
Seinen Namen hat der Haflinger von dem kleinen Bergdorf Hafling bei Meran (Südtirol). Bei diesen hübschen Pferden fallen besonders die blonde Mähne und der blonde Schweif auf. Früher wurden sie als reine Arbeitspferde von einheimischen Bauern gezüchtet, heute sind sie beliebt in Freizeit und Sport.
Stockmaß/Farbe/Merkmale: ca. 138–148 cm; Fuchsfarbe und helle Mähne, Abzeichen am Kopf; kräftige Pferde, beliebte Allrounder

Das Fjordpferd –
der robuste Falbe aus Norwegen

Das Norwegische Fjordpferd (auch Norweger, Fjordinger, Fjordpferd oder Fjordpony) stammt aus den Küstengebieten Norwegens. Das Markenzeichen dieser Rasse ist die zweifarbige Mähne, die meist mondsichelförmig geschnitten wird. In der Mitte ist ein Streifen schwarz, die äußeren Haare sind silbrig.

Stockmaß/Farbe/Merkmale: ca. 135–150 cm; ausschließlich Falben; vielseitige, umgängliche und unermüdliche Freizeitpferde

Das Shetlandpony –
Nr. 1 der Kleinen

Das Shetlandpony gehört zu den am weitesten verbreiteten und beliebtesten Pony-Rassen der Welt. Shetlandponys werden vor allem als Kinderreitponys eingesetzt, beweisen sich aber auch als willige Fahrpferde. Das typische Shetlandpony ist ausgesprochen robust und genügsam, charakterstark und mutig, aber genauso gutmütig und geduldig.

Stockmaß/Farbe/Merkmale: ca. 87–107 cm; alle Farben, Schecken, ausgenommen Tigerschecken

Pferde verstehen lernen

Was brauchen Pferde?

Damit Du beim Reiten gut mit Deinem Pferd zurechtkommst, solltest Du über seine Bedürfnisse einiges wissen.

Pferde stammen – wie Du ja schon an verschiedenen Stellen im Buch lesen konntest – aus der Steppe und sind an Luft, Licht und Weite gewöhnt. Sie brauchen viel Bewegung, um sich richtig wohlzufühlen, und mögen es ganz besonders, wenn sie mit anderen Artgenossen zusammen sind. Pferde sind keine Einzelgänger, sondern ausgesprochene Herdentiere.

Ihre Freude am Laufen ist ganz leicht zu verstehen: Ursprünglich lebten Pferde in Steppenlandschaften mit nur mäßigem Nahrungsangebot.

Sie mussten weite Strecken zurücklegen, um ausreichend Futter zu finden. Dabei bewegten sie sich vor allem im Schritt vorwärts. Das ist ein typisches Verhalten, das Du auch heute bei Pferden auf der Weide beobachten kannst. Sie bleiben beim Fressen nicht an einem Fleck stehen, sondern bewegen sich langsam grasend auf der Weide vorwärts.

Wenn Du ein Pferd fragen würdest, wo es sich denn am liebsten aufhält, würde es sicher »auf der Weide« sagen. Dort hat es alles, was für sein Wohlergehen wichtig ist: Kontakt zu Artgenossen, Möglichkeit zur Nahrungsaufnahme, viel Bewegung, Licht und Luft.

Es ist wichtig und richtig, dass Pferde viel auf die Weide kommen, aber: Auf unseren üppigen Wiesen müssen die Pferde ihr Futter nicht suchen, sondern sie können sich ohne viel Bewegung ihre Bäuche vollschlagen. Die Folgen sind dicke und unter Umständen sogar kranke Pferde. Pferde also nur auf die Weide stellen und so viel wie möglich fressen lassen, geht auf keinen Fall. Hier kommst Du als Reiter ins Spiel, denn für die Bewegung und Abwechslung Deines Pferdes bist auch Du mit verantwortlich.

Du solltest immer darauf achten, wie die Pferde, denen Du begegnest, untergebracht sind. Ganz egal, ob in Deiner Reitschule oder auf einem Reiterhof im Urlaub. Wenn Dir etwas auffällt, das so nicht ein sollte, dann trau Dich ruhig, etwas zu Deinem Reitlehrer oder dem Stallbesitzer zu sagen.

Wenn Pferde nur in einer Box gehalten werden, dann werden ihre Bedürfnisse kaum berücksichtigt, das wissen die meisten, aber dennoch ist diese Haltungsform die bekannteste. Als ich zu reiten begann, vor gut 35 Jahren, standen die Schulpferde in meiner Reitschule noch angebunden in so genannten »Ständern«. Ihre Köpfe zeigten Richtung Wand, und sie konnten sich nicht umdrehen. Zwischen den einzelnen Pferden befanden sich hohe Trennwände, sodass die Kommunikation unter den Tieren kaum möglich war. Heute ist die Ständerhaltung von Pferden glücklicherweise längst verboten. Was ich aber zur Ehrenrettung der Verantwortlichen von damals sagen muss: Die Pferde hatten viel Bewegung. Sie gingen alle mehrere Stunden im Schulunterricht, wurden im Gelände bewegt und durften auch täglich, wenn es das Wetter erlaubte, auf die Weide. Vielleicht ein kleiner Trost. Wenn ich heute ein in einer Innenbox gehaltenes Pferd sehe, das vielleicht eine Stunde am Tag geritten wird, und wenn es Glück hat, noch etwas auf die Weide darf, im schlimmsten Fall alleine, dann weiß ich nicht, welchem Pferd es schlechter geht: dem Schulpferd im Ständer oder dem Pferd aus der Innenbox.

In den letzten Jahrzehnten hat sich viel in der Pferdehaltung getan, und es haben sich verschiedene Haltungsformen entwickelt. Ein paar möchte ich Dir hier vorstellen.

Von Innenbox bis Offenstall

Innenbox: Hier sehen sich die Pferde meist nur durch die Gitter, Kontaktaufnahme und Berührungen sind kaum möglich.

Außenbox: Innenbox mit Fenster. Ein kleiner Vorteil ist bei dieser Boxenart, dass die Pferde nach draußen schauen und sich ein wenig den Wind um die Nase wehen lassen können. Für viele Pferde ist das wie ein »Kinobesuch«, und sie beobachten gebannt, was draußen vor sich geht, denn Pferde sind grundsätzlich neugierig.

Hier siehst Du eine Reihe Paddockboxen. Die Pferde können aus den Innenboxen auf ihren »Balkon« hinaustreten. Sie haben die Möglichkeit, untereinander Kontakt aufzunehmen.

Paddockbox: Das ist eine Kombination aus Innenbox und Auslauf. Die Pferde können durch eine Öffnung in der Stallwand nach draußen auf einen kleinen Auslauf treten. Sie haben die Möglichkeit zur Kontaktaufnahme auf dem Paddock, können Fellchen kraulen, sich beschnuppern und spielen. Ein weiterer Vorteil ist, dass ihr Bewegungsraum größer wird, denn eigentlich lieben Pferde die Weite. Sie sehen, hören und riechen mehr als isoliert in der Innenbox. Außerdem können sie sich auch mal die Sonne auf den Pelz scheinen lassen oder im Wind stehen.

Laufbox: Das ist eine Paddockbox, in der auf dem meist größeren Paddock verschiedene Bewegungsanreize für die Pferde geschaffen wurden. Zum

Den Pferden stehen in diesem hellen, luftigen Stall geräumige Boxen zur Verfügung. Der Austritt zum Paddock ist in jeder Box mit einem Lamellenvorhang versehen, der Zugluft im Stall verhindern soll.

Beispiel findet das Pferd draußen sein Heu in einer Futterraufe, oder es wurde ein Wälzplatz auf dem Paddock eingerichtet. Möglichkeiten gibt es viele.

Offenstall: Das ist die einfachste Form der so genannten Gruppenauslaufhaltung. Der Offenstall besteht aus einem Stall-Gebäude mit mindestens zwei Ausgängen für die Pferde zum Ruhen, Fressen oder zum Aufenthalt bei schlechtem Wetter. Außerdem gibt es einen der Anzahl der Pferde entsprechend großen Paddock und oft eine Möglichkeit, direkt auf die Weide zu gelangen. Die Pferde können selbst wählen, wo sie sich aufhalten, was sie machen und mit wem sie herumziehen.

Der **Offenstall mit Bewegungsanreizen** ist die moderne Form des Offenstalls. Hier werden die Pferde gezielt in Bewegung gehalten, indem alles, was vorher im Stall und auf dem Paddock für sie zu finden war, auf einen Rundkurs verteilt wurde. Die Pferde finden ihr Heu beispielsweise an einer bestimmten Stelle auf dem Weg, sie müssen über verschiedene Untergründe gehen, es gibt kleinere Hürden, sie überqueren Wasser, finden einen speziellen Wälzplatz, kommen zu einer Aussichtsplattform usw. Eine tolle Sache, aber leider sind solche Stallanlagen nicht billig und daher auch nur von wenigen umsetzbar.

Keiner zuhause? In einem Offenstall muss für alle Pferde genügend Platz vorhanden sein, sonst kommt es zu unnötigen Auseinandersetzungen. Wichtig ist, dass die Pferde in Ruhe fressen können, dazu dienen die so genannten Fressstände, die Du links im Bild siehst.

Fressstände

Liegehalle

Wälzplatz

»Pferdehaltung«

- Unter natürlichen Bedingungen legen Pferde bei der Futtersuche bis zu 25 Kilometer pro Tag zurück.
- Pferde brauchen viel Bewegung und die Möglichkeit, sich regelmäßig auf der Weide in Gemeinschaft von Artgenossen frei zu bewegen.
- Pferde sollten nicht isoliert in kleinen Innenboxen stehen. Es gibt gute Alternativen und auch Möglichkeiten, alte Ställe pferdegerechter zu machen.
- Pferde haben nichts gegen schlechtes Wetter. Regen und Schnee stören sie nicht. Dennoch brauchen sie auf der Weide oder im Auslauf einen Unterstand, der Schatten spendet und Schutz vor extremer Witterung bietet.

Verschiedene Kraftfuttersorten

Pferde
Wissen

»Pferdefütterung«

● Das Futter für unsere Pferde lässt sich einteilen in: Saftfutter (Gras, Obst, Gemüse), Raufutter (Heu, Stroh, Heulage), Kraftfutter (Hafer, Gerste, Müsli, Pellets usw.) sowie Vitamin- und Mineralfutter.

● Ganz oben auf dem Speiseplan steht Heu. Es gilt als das wichtigste Nahrungsmittel. Pferde benötigen pro 100 Kilo Körpergewicht mindestens 1,5 Kilo Heu täglich. Bei einem 650 Kilo schweren Warmblut sind das rund zehn Kilo.

● Wenn Pferde viel auf die Weide dürfen, reduziert sich die Heumenge durch das frische Gras entsprechend.

● Stroh ist eine beliebte Boxen-Einstreu. Einen Teil des Raufutterbedarfs decken Pferde auch über das Fressen von Stroh. Die Einstreu sollte stets sauber gehalten werden. Pferdeäpfel und nasse Stellen müssen täglich mindestens zweimal entfernt werden.

● Die Menge an Kraftfutter sollte an die Arbeitsbelastung des Pferdes angepasst werden.

● Saftfutter wie Karotten und Äpfel bringen frischen Wind in den Futterplan.

● Da Pferde in der Natur über den Tag verteilt fressen, ist ihr Verdauungssystem nicht auf große Futterportionen eingerichtet. Daher sollten Pferde lieber mehrere kleine Portionen bekommen.

● Direkt vor dem Reiten sollte nicht gefüttert werden. Auch nach dem Reiten sollte das Pferd erst einmal zur Ruhe kommen, bevor es Kraftfutter bekommt.

● Kraftfutter sollte immer nach dem Heu gefüttert werden.

● Sollte das Pferd auf einmal nicht mehr oder schlechter fressen als gewohnt, kann das ein Hinweis auf eine Erkrankung sein (z.B. Zahnprobleme).

● Futtertrog und Tränkebecken sollten immer sauber sein.

● Wasser ist für Pferde wie das Benzin fürs Auto. Es ist wichtig für ihre Gesundheit und Leistungsfähigkeit. Sie saufen ca. 30 bis 70 Liter pro Tag, je nach Größe, Anstrengung oder Witterung.

Diese beiden sind richtig gute Kumpel und vertreiben sich die Zeit im Auslauf mit einem Kämpfchen um den Stock.

Pferde sind Herdentiere

Die Herde gibt den Tieren Sicherheit und auch Schutz.

Ob in freier Wildbahn oder auf der Weide in Deinem Reitstall: In jeder Pferdegruppe gilt eine Rangordnung, an die sich alle halten und die auch Du kennen solltest, um unnötigen Stress zu vermeiden.

Das ranghöchste Pferd hat das Sagen in der Herde, es ist der Chef! Welches Pferd das ist, wirst Du sehr schnell herausfinden. Wenn der Chef zum Wassertrog oder der Heuraufe geht oder auch einfach nur über die Weide schlendert, weichen ihm die anderen Gruppenmitglieder aus. Das heißt aber nicht, dass Pferde mit niedrigem Rang unter diesem Chef leiden. Im Gegenteil: Solange die Hierarchie klar ist, fühlen sich die meisten Pferde in ihrer Position richtig gut. Es kommt nur selten vor, dass sich ein Pferd über längere Zeit nicht mit seinem Rang abfinden will und immer wieder nach oben stänkert. Schau doch mal, was auf der Weide an Deinem Stall so los ist. Gibt es echte Kumpel unter den Pferden? Gibt es Pferde, die miteinander toben und Quatsch machen?

Chef zu sein ist gar nicht so leicht, da auch viel Verantwortung von ihm verlangt wird: In der freien Natur verteidigt der Herden-Boss die Gruppe gegen Angreifer und trifft meist auch die Entscheidung darüber, ob bei drohender Gefahr die Flucht angetreten wird. Wer in der Rangfolge ganz unten steht, hat nur wenig mitzureden und dadurch viel weniger Stress. Ein rangniedriges Pferd muss kaum etwas selbst entscheiden, sondern folgt im Zweifelsfall einfach den anderen.

In einer Herde sind oftmals zwei oder mehr Pferde richtig gut befreundet. Sie spielen miteinander, kraulen sich stundenlang gegenseitig ihr Fell oder stehen einfach gerne nebeneinander. Das können Tiere sein, die in der Rangordnung nahe beieinander liegen. Häufig ist es aber auch völlig egal, wer wo steht, und der Zweithöchste versteht sich beispielsweise blendend mit dem Schlusslicht der Herde. Alles ist möglich. Also, schau mal, ob Du sagen kannst, welche Position Dein Lieblingspferd in der Herde einnimmt.

Es gibt aber durchaus auch Pferde in einer Herde, die sich überhaupt nicht mögen, Rangfolge hin oder her. Sie können sich einfach nicht leiden. Unter Umständen müssen solche Kandidaten dann getrennt werden, damit es zu keinen Verletzungen kommt. Denn bei solchen Streitigkeiten kann es ganz schön zur Sache gehen.

Pferde **Wissen**

»Umgang mit dem Pferd«

• Wenn Du nicht möchtest, dass Dir ein Pferd auf der Nase herumtanzt, musst Du im Umgang und auch beim Reiten die Rolle des Ranghöheren einnehmen. Du musst dem Pferd konsequent zeigen, was Du von ihm möchtest. Es liegt an Dir, dass es Dich auch richtig verstehen kann.

• Im Umgang mit Pferden und beim Reiten hat Gewalt nichts zu suchen! Schreien und Hauen sind absolut tabu. Wenn Du als Reitanfänger mit Deinem Pferd nicht zurechtkommst, egal, ob im Stall oder auf der Weide, dann holst Du bitte Deinen Reitlehrer oder einen fortgeschrittenen Reitschüler dazu, erklärst ihm Dein Problem und lässt Dir helfen. Du wirst sehen, je mehr Verständnis Du dem Pferd entgegenbringst und ihm konsequent zeigst, was es tun oder lassen soll, desto bereitwilliger wird es mitarbeiten.

Der Fluchtinstinkt

Eines der wichtigsten Verhaltensmuster der Pferde, auf das Du immer wieder treffen wirst, ist der Fluchtinstinkt. In freier Natur sind Raubtiere die natürlichen Feinde der Pferde, und ein Pferd weiß instinktiv, dass sein Leben vorbei sein kann, wenn es den Feind zu spät bemerkt. Natürlich laufen solche Feinde (Raubtiere), die dem Pferd nach dem Leben trachten, bei uns nicht mehr frei herum, aber das Pferd weiß das nicht.

Der Fluchtinstinkt ist auch bei unseren Reitpferden noch fest verankert, und sie sind in ihren Reaktionen darauf ausgerichtet, sich bei Gefahr durch Flucht in Sicherheit zu bringen. Für Pferde sind viele Objekte unserer modernen Umwelt Angst erregend – zum Beispiel flatternde Plastikplanen, Traktoren, Regenschirme, Fahrräder, Motorräder und noch vieles mehr. Die gute Nachricht: Du kannst Dein Pferd mit all diesen Gegenständen vertraut machen und dadurch seinen Fluchtinstinkt deutlich vermindern.

Pferde setzen immer all ihre Sinne ein, um ihre Umgebung zu beobachten. Vermuten sie Gefahr, sind sie blitzartig auf dem Sprung, um sich in Sicherheit zu bringen. Ihre erste Reaktion ist das Scheuen: Sie schrecken zusammen, reißen in Panik (die mehr oder minder groß sein kann) den Kopf hoch und weichen aus.

Wie stark ein Pferd seinen Fluchttrieb zeigt, hängt von seinem Temperament, seinem Alter, seinem Ausbildungsstand und sicher auch von seinen Erfahrungen in der Herde ab, wie sich die ranghöheren Pferde verhalten. Das Zusammensein in der Herde ist gleichzeitig auch eine Lebensschule. Bleibt der Chef ruhig, wird sich auch das aufgeregteste Pferd schnell wieder beruhigen. Rast das ranghöchste Pferd dagegen auf und davon, werden sich die anderen Pferde mit Sicherheit ohne Zögern anschließen und hinterher spurten.

Wenn Pferde sich in die Enge gedrängt fühlen und keine Fluchtmöglichkeit sehen, werden sie versuchen, sich aktiv zu wehren, etwa durch Beißen oder Treten. Hier ist Vorsicht angeraten.

»Was machst Du, wenn Dein Pferd scheut?«

Scheuen kann Dein Pferd letztlich immer, zum Beispiel, wenn Du es von der Weide holst und eine Plastikplane lose in der Gegend flattert, oder wenn Du es in die Reithalle zu Deiner Reitstunde führst und ein Traktor plötzlich um die Ecke knattert. Merke Dir: Dein Pferd möchte Dir in solch einem Moment keine Angst machen. Das Scheuen setzt es ein, um aus dem »Gefahrenbereich« rauszukommen. Es hat sich erschreckt und möchte einfach nur noch weg.

Du bist der Boss, auch wenn Du vielleicht noch unerfahren und kleiner bist. Wenn Du ganz ruhig bleibst, ich weiß, manchmal ist das gar nicht so leicht, wird sich auch Dein Pferd beruhigen. Atme ganz tief durch. Bleib einfach cool und denke daran, Dein Pferd jetzt nicht zu loben. Wenn Du »Sei ganz brav« sagst und ihm vielleicht dabei noch den Hals kraulst, als würdest Du es loben, könnte es ermutigt werden, noch weitere Sprünge zur Seite zu machen, da sie Dir ja so gut gefallen haben. Lauf einfach mutig weiter, Du wirst sehen, Dein Pferd kommt mit Dir mit.

Pferde
Wissen

Egal, ob am Boden oder unter dem Sattel: Auch in Reitstunden können neue Gegenstände mit einbezogen werden. In dieser Reitstunde stand das Reiten um bunte Schirme auf dem Programm. Die Pferde nahmen es gelassen.

»Sturm und Wind«

Warum sind Pferde bei Wind häufig so aufgeregt?
Bei starkem Wind kann es sein, dass auch die
gemütlichsten Pferde nervös werden.
Der Sturm bläst ihnen fremde Geräusche zu und verstärkt
bekannte Laute. Das irritiert sie. Je stärker es windet,
umso schwieriger wird es für die Tiere, die für sie wichtigen Geräusche herauszufinden. Manche Pferde mögen
auch den starken Winddruck nicht, und so können selbst
nervenstarke Pferde scheuen.

»Aufgepasst«

• Wenn Du wissen möchtest, in welcher Stimmung Dein
Pferd ist, solltest Du es gut beobachten und auf seine
Ohrenstellung, seine Augen und seine Körperhaltung
schauen.

• Je länger Du mit Pferden umgehst, umso sicherer wirst
Du. Auf Seite 48 erfährst Du, dass die nach hinten gelegten Ohren Aggression bedeuten. Beim Reiten möchte man
aber, dass das Pferd seine Ohren zum Reiter richtet, denn
das bedeutet, dass es ihm zuhört und auf ihn achtet.

Die Körpersprache des Pferdes

Pferde verständigen sich untereinander meist lautlos. Ich gebe Dir hier einen kurzen Einblick in die Körpersprache und die Mimik von Pferden.

Die Körperhaltung

Ich bin entspannt: Je tiefer ein Pferd seinen Kopf und Hals trägt, desto entspannter ist es. Häufig entlastet ein Pferd dabei noch ein Hinterbein, das nennt man dann schildern. Die Maulpartie des Pferdes ist locker.

Ich bin aufgeregt: Trägt ein Pferd Hals und Kopf dagegen hoch erhoben, steht es unter Spannung und ist stark erregt. Auch wenn Pferde erschrecken, reißen sie als Erstes den Kopf hoch. Das kann beim Reiten recht unangenehm werden.

An der Haltung des Schweifes kannst Du sehen, ob Dein Pferd ruhig oder aufgeregt ist. Bei einem entspannten Pferd pendelt der Schweif locker hin und her. Wenn ein Pferd dagegen heftig mit dem Schweif schlägt, passt ihm etwas nicht. Schau mal, ob ein Pferd in Deiner Reitschule solch ein Verhalten zeigt. Das kann ganz verschiedene Gründe haben, vielleicht zwickt der Sattelgurt oder eine Bremse hat sich auf seinem Bauch niedergelassen. Ein hoch gehaltener Schweif ist ein Zeichen für große Erregung. Pferde zeigen das z.B. im Freilauf, wenn sie sich austoben.

»Wellness«

• Pferde werden oft von Juckreiz geplagt – z.B. wenn sie beim Reiten stark geschwitzt haben oder während des Fellwechsels im Frühjahr und Herbst. Nun bist Du gefragt, denn intensive Pferdepflege ist angesagt.

• Mücken und Bremsen machen den Sommer für viele Pferde unerträglich. Hier helfen Fliegennetze, Fliegendecken und allerlei Fliegensprays, der Plagegeister Herr zu werden.

• Pferde lieben das »Fellkraulen«. Dabei bearbeitet ein Artgenosse die juckende Körperstelle des Partners mit den Zähnen. Herrlich!

• Pferde wälzen sich gerne. Schau mal, was sie machen, bevor sie sich hinlegen. Richtig, sie beschnuppern den Boden und drehen sich ein paar Mal. Ist der Boden gecheckt, legen sie sich hin und los geht's. Wieder auf den Beinen schütteln sie sich kräftig.

Wie schlafen Pferde?

Wenn ein Pferd auf der Koppel oder in der Box liegt, döst oder schläft es. (Natürlich kann es auch krank sein, aber davon gehe ich an dieser Stelle nicht aus.) Meist legen sich Pferde mit angewinkelten Beinen und abgestütztem Hals und Kopf hin, aus dieser Haltung können sie bei drohender Gefahr blitzschnell aufspringen.
Richtig schlafen Pferde nur, wenn sie sich absolut sicher fühlen. In einer Herde liegen einige Pferde und schlafen, andere dösen und wieder andere stehen. Sie bewachen die Herde und geben den schlafenden Pferden Sicherheit. Auf dem Foto oben siehst Du ganz genau, wie es in dem pferdischen Schlafzimmer aussieht. Das Pferd in der Mitte passt auf, während der Rest schlummert.

Wenn Pferde tief schlafen, liegen sie mit ausgestreckten Beinen flach auf der Seite, und ihre Augen sind geschlossen. Vielleicht hast Du die Chance, Dein Lieblingspferd mal beim Schlafen zu beobachten. Es gibt durchaus Pferde, die sich tagsüber zu einem kleinen Nickerchen in die Box legen. Pferde wiehern oder brummen im Schlaf, das ist ein Zeichen dafür, dass sie träumen. Du brauchst nicht zu erschrecken, wenn Du das hörst, es ist alles okay.

Pferde **Wissen**

»Du bist kein Kratzbaum für Dein Pferd«

Möchte ein Pferd sich an Dir scheuern, kann es sein, dass es etwas juckt, aber es kann auch sein, dass es keinen Respekt vor Dir hat. An seinem Herden-Chef würde es sich niemals scheuern. Wenn Dir Dein Pferd auf die Pelle rückt, dann sag ganz deutlich zu ihm »Nein!« und schieb seinen Kopf sanft von Dir weg.

Lass Dir von Deinem Pferd auch nicht in Deinen Taschen rumschnüffeln. Pferde sollen höflich und respektvoll dem Menschen gegenüber sein. Das gilt andersrum natürlich auch. Respekt dem Menschen gegenüber sollten Pferde bei ihrer Ausbildung gelernt haben.

Schau mir in die Augen – Ohren und Mimik

• Wenn Dich ein Pferd mit gespitzten Ohren anschaut, ist es aufmerksam. Es interessiert sich für Dich und wartet, was da kommt.

• Pferdeohren stehen fast nie still. Sie sind ständig in Bewegung, das Pferd lauscht in verschiedene Richtungen, immer auf der Suche nach spannenden Geräuschen. An den Ohren lässt sich ablesen, ob Tier und Mensch ein Team sind.

• Zusammen mit den Augen sind die Ohren ein ausgezeichnetes Frühwarnsystem, ohne das Pferde die letzten Jahrmillionen nicht überlebt hätten.

• Selbst wenn die Tiere dösen oder schlafen, machen die Ohren niemals eine Pause. Unaufhörlich drehen sie sich und fangen Geräusche ein. Zwölf Muskeln an jedem Ohr machen das möglich.

• Pferde haben ein ausgezeichnetes Gehör, und sie hören Töne, die Du gar nicht wahrnimmst.

• Zur Seite oder nach hinten geklappte Ohren können je nach Körperhaltung und Situation ein Zeichen von Entspannung, aber auch von Aggression oder sogar Schmerzen sein.

• Eine lockere Unterlippe deutet darauf hin, dass das Pferd ganz relaxt ist.

• Hat es Schmerzen, sieht man ihm das unter anderem an seinem angespannten Maul an. Auch Falten über den Augen deuten auf Schmerzen hin. Es ist ganz wichtig, dass Du Dein Pferd immer wieder genau beobachtest. Mit der Zeit wirst Du erkennen, ob etwas mit ihm nicht stimmt oder ob alles okay ist.

• Flach nach hinten gelegte Ohren sind ein klares Zeichen für Aggression. Das Pferd signalisiert: »Komm mir nicht zu nahe.« Bei einem Pferd, das Dir so entgegentritt, musst Du auf jeden Fall aufpassen und damit rechnen, dass es zubeißt.

Pferde
Wissen

»Die GHP«

Die Deutsche Reiterliche Vereinigung (FN) hat mit der Zeitschrift CAVALLO vor einigen Jahren die »Gelassenheitsprüfung« (GHP) eingeführt, bei der es genau darum geht. Pferde sollen in einem Wettbewerb ihre Gelassenheit unter Beweis stellen. Bei diesem Wettbewerb stehen nicht die sportlichen Leistungen im Vordergrund, sondern der Charakter, das Vertrauen und die Erziehung des Pferdes. In der Gelassenheitsprüfung muss das Pferd zehn Alltags-Aufgaben bewältigen und zeigen, dass es keins der Hindernisse aus der Ruhe bringt. Die Gelassenheitsprüfung gibt es geführt und geritten. Vielleicht wird ja in Deinem Reitverein bald mal solch eine GHP veranstaltet.

»Wo seid ihr alle?« Dieses Pferd ruft nach seinen Weidekumpeln und rennt dabei aufgeregt herum.

Was Pferde uns mit ihrer Stimme mitteilen

Wenn Du ein Pferd laut wiehern hörst, dann ruft es meist nach einem anderen Pferd. Pferde können auch zornig oder verzweifelt wiehern.
Tobt ein Pferd zum Beispiel in seiner Box herum, steigt und wiehert dabei lauthals, dann ist es sehr aufgebracht. Ein Pferd, das alleine auf einer Weide oder im Offenstall steht, wiehert dabei völlig anders. Du wirst bald herausfinden, wie es dem Pferd geht, das Du gerade so lautstark hörst.

Pferde begrüßen ihre Kumpel mit einem blubbernden Wieher-Geräusch.
Sie drücken damit Freude aus. Dieses Blubbern hörst Du zum Beispiel auch, sobald der Futterwagen durch die Stallgasse gezogen wird. Am meisten wirst Du Dich freuen, wenn Dein Pferd Dich mit diesem Blubbern im Stall begrüßt.
Hörst Du ein Pferd stöhnen, kann das ein Hinweis auf Schmerzen sein.
Manche Pferde stöhnen, wenn sie sich anstrengen oder auch beim Pinkeln.
Diese Geräusche sind in der Regel harmlos.

Wenn ein Pferd schnaubt, dann entspannt es sich normalerweise. Das wird Dein Pferd sicher auch immer mal beim Reiten machen. Hab keine Angst vor diesem Geräusch.

Stößt ein Pferd die Atemluft laut durch seine Nüstern aus, ist das ein Zeichen für Aufregung, die nicht negativ sein muss. Wenn Du Dein Pferd zum Beispiel auf seinen Auslauf lässt und es die ersten freudigen Sprünge und Runden im Galopp hinter sich hat, dann kannst Du dieses starke Schnauben hören, sobald es zum Stehen kommt und in Deine Richtung schaut.

Vor allem Stuten quieken ganz gerne mal, wenn ihnen ein anderes Pferd zu nahe kommt. Treffen zwei Pferde das erste Mal aufeinander, dann kann es durchaus sein, dass eins der beiden oder beide plötzlich quieken. Es ist immer wieder spannend, wie Pferde bei ihrem ersten Aufeinandertreffen reagieren. Bei manchen scheint es Liebe auf den ersten Blick zu sein, andere ignorieren sich, wieder andere giften sich an, werden aber später die besten Freunde. Du wirst sehen, Pferde zu beobachten macht Spaß.

Wie Pferde sehen

Pferdeaugen liegen seitlich am Kopf. Das ist sehr praktisch, denn diese Lage der Augen ermöglicht den Tieren, dass sie fast rundum blicken können. Wenn sie sehen möchten, was sich direkt vor oder hinter ihnen abspielt, müssen sie den Kopf drehen oder nach unten oder oben heben oder ihren Standort verändern.

Wenn ein Pferd seinen Kopf tief hält, kann es nur sehen, was vor ihm abläuft. Hält es seinen Kopf hingegen hoch, kann es weit in die Ferne blicken. Pferde sehen farbig. Gelb, Weiß und Blau sehen sie vermutlich ähnlich wie wir Menschen, Grün oder Rot können sie nicht richtig unterscheiden.

Wie Pferde riechen

Pferde riechen sehr gut, sie können sich Gerüche außerdem gut einprägen. Ein Pferd muss ein Feuer in weiter Entfernung nicht sehen, um nervös zu werden, es reicht, wenn es den Geruch wahrnimmt. Pferde »lesen« über ihre Nase und erfahren dabei einiges über andere Pferde und natürlich auch über Dich. Pferde können riechen, wenn Du Angst bekommst oder unsicher bist.

»Was macht mein Pferd da?«

• Hast Du schon mal ein Pferd flehmen sehen? Dabei zieht es seine Oberlippe hoch und saugt durch die Zähne Luft in sein Maul. Es ist ein Zeichen, dass es einen sehr interessanten Geruch wahrgenommen hat. Hengste flehmen häufig, wenn sie in der Nähe einer Stute sind.

• Pferde gähnen natürlich auch, was recht lustig aussehen kann. Dabei ziehen sie die Lippen über die Zähne und öffnen genüsslich ihr Maul.

• Vielleicht hast Du schon mal das »Maulschnappen« bei Fohlen gesehen. Das verursacht ein ganz eigenartiges Geräusch und hört sich an wie Zähneklappern. Dabei öffnet das Fohlen sein Mäulchen, zieht die Lippen zurück, zeigt seine Zähne und beginnt zu kauen. Es will damit zeigen: »Tu mir nichts, ich bin klein und ungefährlich.« Fohlen und Jungpferde setzen dieses Signal bei fremden Pferden ein.

Pferde
Wisse

Pferde sind empfindlich

Wenn Du Pferde auf der Weide beobachtest, wird Dir sicher auffallen, wie empfindlich sie auf winzige Berührungen reagieren. Sie spüren, wenn eine Mücke auf ihrem Körper landet, und versuchen, sie durch Hautzucken oder mit Hilfe ihres Schweifes zu vertreiben.

Auch rund um ihr Maul sind Pferde sehr empfindlich. Dort befinden sich eine Menge Tasthaare, mit denen sie z.B. fremde Gegenstände untersuchen können. Pferde erkennen sofort, wenn in ihrem Futtertrog etwas Ungenieß-bares liegt. Bei neugeborenen Fohlen sind die Tasthaare noch kleine Kringel, die sich mit der Zeit zu feinen Antennen entwickeln.

Pferde Wissen

»Schmuseeinheit«

Finde heraus, an welchen Stellen Dein Pferd gestreichelt werden mag. Es wird sich Dir genüsslich entgegenstrecken, wenn ihm Deine Schmuseeinheit gefällt. An einer anderen Stelle wird es Dir vielleicht signalisieren: »Mach nicht weiter, ich bin da kitzelig.« Viel Spaß dabei!

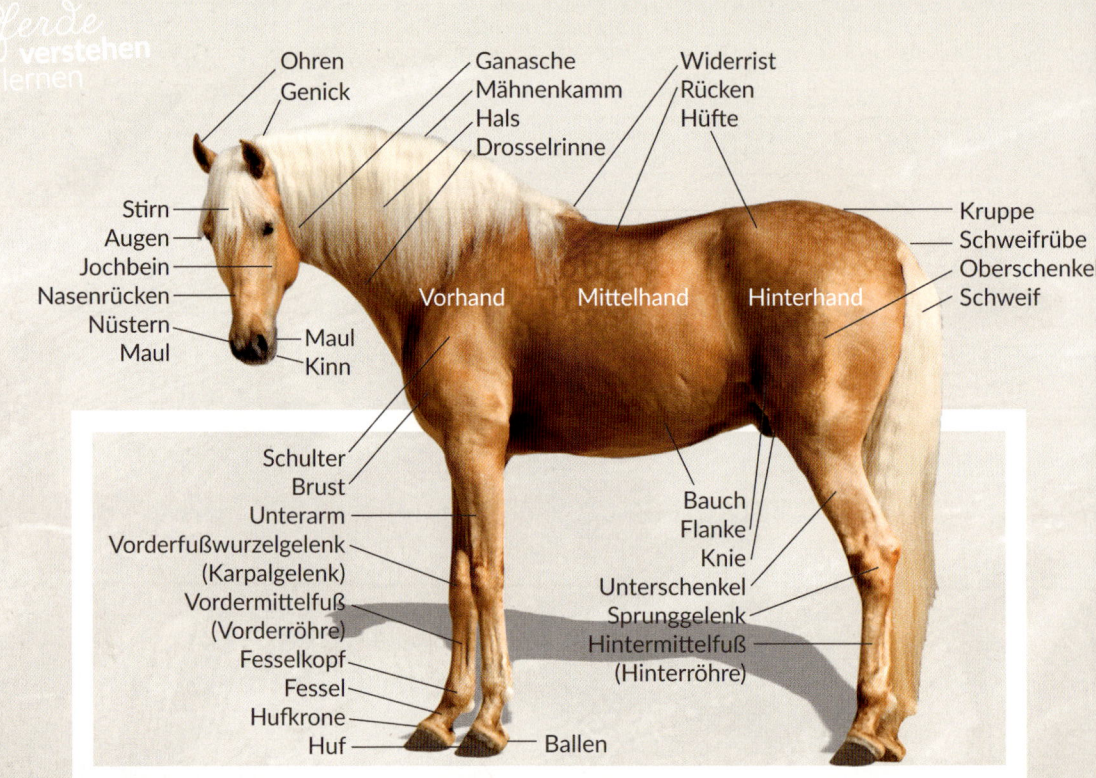

Ohren
Genick
Ganasche
Mähnenkamm
Hals
Drosselrinne
Widerrist
Rücken
Hüfte
Stirn
Augen
Jochbein
Nasenrücken
Nüstern
Maul
Maul
Kinn
Vorhand
Mittelhand
Hinterhand
Kruppe
Schweifrübe
Oberschenkel
Schweif
Schulter
Brust
Unterarm
Vorderfußwurzelgelenk
(Karpalgelenk)
Vordermittelfuß
(Vorderröhre)
Fesselkopf
Fessel
Hufkrone
Huf
Bauch
Flanke
Knie
Unterschenkel
Sprunggelenk
Hintermittelfuß
(Hinterröhre)
Ballen

Der Körperbau des Pferdes

Als Fluchttiere brauchen Pferde vor allem kräftige, gesunde **Beine und Hufe.**
Diese sind auch wichtig für ihren Einsatz als Reit-, Voltigier- oder Fahrpferd.
Die Pferdebeine sollten gerade sein und nicht zu eng beieinander stehen.

Der **Pferdehals** sollte lang und beweglich sein. Ein gut gerittenes Pferd
erkennst Du an der ausgebildeten Muskulatur an der oberen Halsseite.
Pferde entwickeln bei einer falschen Reitweise gerne einen so genannten
Unterhals, da liegen die Muskeln im unteren Halsbereich.

Der **Rücken** des Reitpferdes sollte nicht zu lang sein. Ein ausgeprägter
Widerrist und eine lange, schräge **Schulter** lassen den Sattel gut liegen und
ermöglichen dem Tier weit ausgreifende Bewegungen.

Eine leicht abfallende **Kruppe** sorgt für gutes Untersetzen der Hinterbeine –
eine wichtige Voraussetzung dafür, dass das Pferd unter dem Reiter mit
schwingendem und aufgewölbtem Rücken laufen kann.

Die Farben der Pferde

Füchse, Braune, Rappen und Schimmel wirst Du viele sehen, aber es gibt auch Pferde mit ganz speziellen Farben, hier einige Beispiele.

Fuchs

Das Deckhaar ist rötlich, die so genannten Schutzhaare, damit sind Mähne und Schweif gemeint, müssen beim Fuchs fuchsfarben oder hell sein, sie dürfen keine schwarzen Haare enthalten. Man unterscheidet den Hellfuchs und den Dunkelfuchs.

Schimmel

Schimmel werden meist dunkel geboren und von Jahr zu Jahr heller. Hier unterscheidet man: Fuchsschimmel, Rappschimmel, Braunschimmel, Hellbraunschimmel, Dunkelbraunschimmel, Falbschimmel, Isabellschimmel und Schimmelschecke. Weiß geborene Schimmel sind selten.

Brauner

Das Deckhaar ist braun. Im Unterschied zum Fuchs sind die Beine sowie Mähne und Schweif schwarz. Man unterscheidet: Hellbrauner, Brauner, Dunkelbrauner, Schwarzbrauner.

Rappe

Das Deckhaar und auch die Mähne und der Schweif sind beim Rappen schwarz.

Während das Deutsche Reitpferd vor allem in diesen vier Farben vorkommt, sind andere Pferderassen, besonders Ponys, recht bunt. Der **Isabell** hat hellgelbe über goldgelbe bis dunkelgelbe Deckhaare. Sein Schutzhaar und seine Hufe sind immer hell. Der **Palomino** gehört zu den Isabellen und fällt auf durch sein goldgelbes Deckhaar und sehr helles Langhaar. Der **Weißisabell** oder auch **Cremello** hat helle Haut, helles Deck- und Schutzhaar und blaue Augen. Der **Falbe** hat rötliches oder gelb-braunes bis graues Deckhaar, schwarze Beine, Hufe und Schutzhaare, oft mit Aalstrich. Der **Schecke** kommt in den verschiedensten Farben mit unterschiedlichen weißen Abschnitten am Körper vor. Je nach Verteilung und Art der weißen Flächen auf dem Körper können zum Beispiel **Tobiano-** und **Overoschecken** unterschieden werden. Schecken gibt es als **Fuchsschecken, Braunschecken, Rappschecken, Schimmelschecken** sowie mit weiteren Farben (Falbe, Isabell etc.). Der **Tigerschecke** dagegen besitzt verschieden große Flecken in der Grundfarbe auf weißem Deckhaar.

(Quelle: http://www.pferd-aktuell.de/pferdenah/2012/ausgabe-06---2012/themen/alles-ueber-pferdefarben)

Isabell   Palomino   Falbe

Fuchsschecke   Rappschecke   Tigerschecke

Flocke	Stern	Unterbrochener länglicher Stern	Halbmondförmiger, links geöffneter Stern	Unregelmäßiger großer Keilstern
Nasenstrich	Unregelmäßige schmale Blesse	Schnippe	Unregelmäßige breite Blesse	Laterne

Bezeichnungen der Abzeichen an Kopf und Beinen

Kein Pferd ist wie das andere. Weiße Abzeichen an Kopf und Beinen (manchmal auch an anderen Körperstellen) machen jedes Pferd einzigartig. Stern, Schnippe, Laterne, Blesse, Flocke – diese Bezeichnungen von weißen Abzeichen am Pferdekopf hast Du vielleicht schon einmal gehört, wenn Dir jemand ein bestimmtes Pferd genau beschrieben hat. »Lady ist die Rappstute mit der großen Blesse.« Je nach Größe und Form gibt es für diese weißen Abzeichen offizielle Bezeichnungen, die auch in den Pferdepass eingetragen werden, sodass das Pferd anhand dieser Merkmale zusätzlich zum Chip und

Brandzeichen identifiziert werden kann. Mit Chip ist ein Mikrochip gemeint, der Pferden unter die Haut gelegt wird. Das macht der Tierarzt. Auf dem Chip befinden sich alle wichtigen Daten zum Pferd.

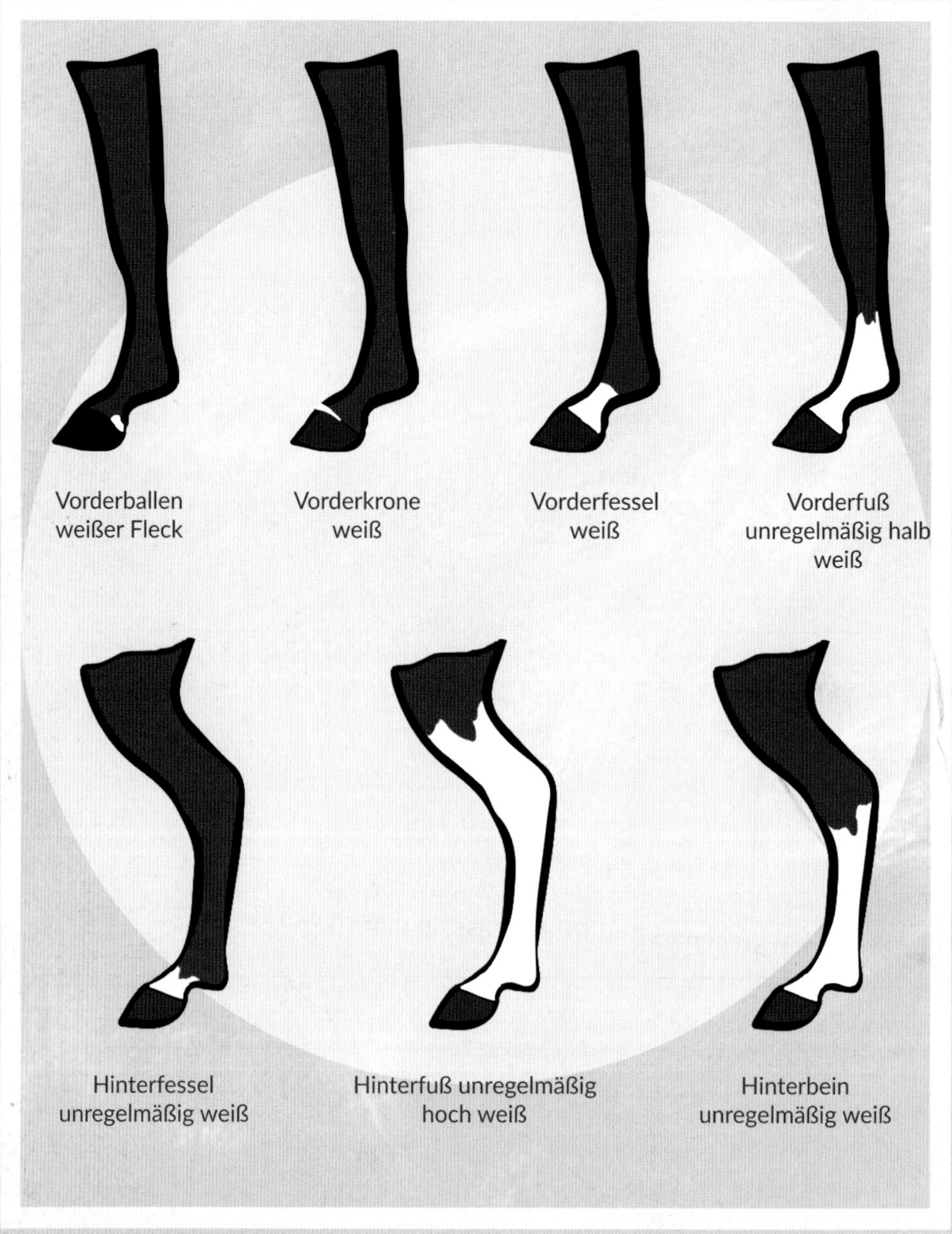

Vorderballen
weißer Fleck

Vorderkrone
weiß

Vorderfessel
weiß

Vorderfuß
unregelmäßig halb
weiß

Hinterfessel
unregelmäßig weiß

Hinterfuß unregelmäßig
hoch weiß

Hinterbein
unregelmäßig weiß

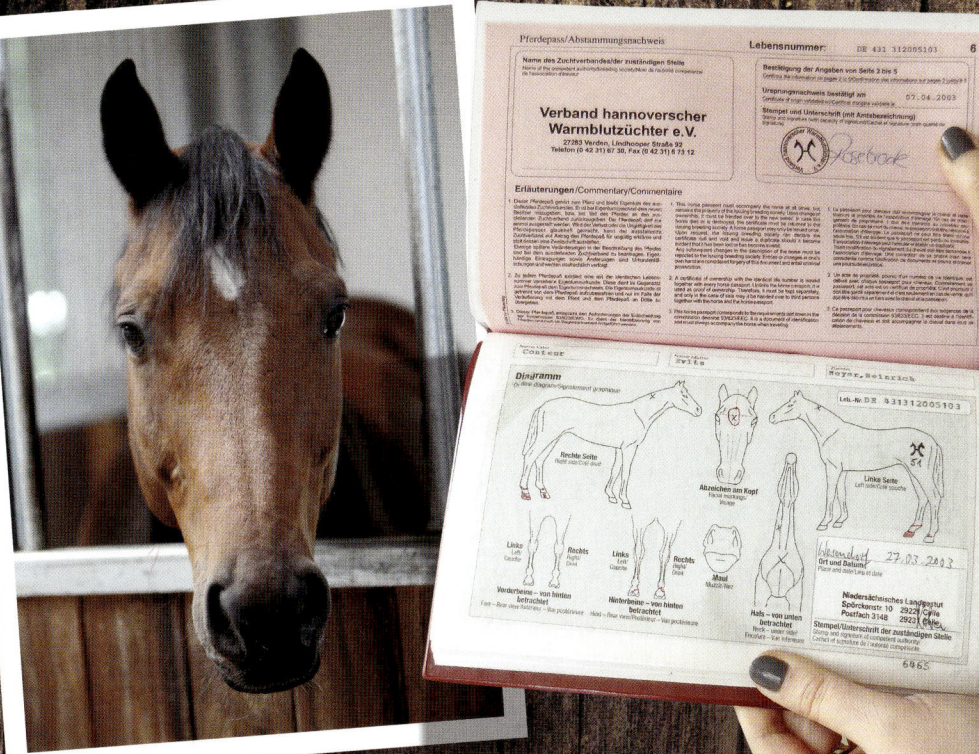

»Pferdepass«

Jedes Pferd hat einen eigenen »Personalausweis«,
den so genannten Pferdepass. In diesen werden
unter anderem die Fellfarbe und die Abzeichen an Kopf
und Beinen eingetragen. Vielleicht darfst Du Dir den
Pferdepass Deines Lieblingspferdes einmal ansehen.
Stell Deinem Reitlehrer ruhig Fragen dazu.

Pferde
Wissen

Welcher Reitstil gefällt Dir?

Du liebst Pferde?

Du träumst davon, auf ihnen zu reiten und im schnellen Galopp mit ihnen über eine Wiese zu »fliegen«? Bei einem Springturnier zu starten? Auf einem Westernpferd ein paar zackige Manöver zu absolvieren? Bei einem Wanderritt mitzureiten? Vielleicht möchtest Du auch voltigieren und in einer Gruppe auf einem Pferd turnen?

Verschiedene Reitweisen

Die traditionelle oder englische Reitweise

Es haben sich in den unterschiedlichen Ländern der Erde nicht nur verschiedene Pferderassen entwickelt, sondern auch verschiedene Reitweisen. In Ländern wie Deutschland, Frankreich oder England lag der Schwerpunkt der Reiterei beim Militär, denn Pferde wurden vor allem für die Kavallerie (damit sind die auf Pferden reitenden Soldaten gemeint) gezüchtet und für Könige und Fürsten in den Krieg gesandt. An vielen Adelshäusern begann man aber auch schon vor mehr als dreihundert Jahren, Pferde für den Sport und die Freizeit zu züchten und auszubilden. Eine Hofreitschule zu haben galt als ein Zeichen für Reichtum. Die Pferdedressur sollte vor allem die Zuschauer begeistern. Aus diesen fürstlichen Pferdezuchten und Reitschulen sind die heutigen Pferdesportarten Dressur, Springen und Vielseitigkeit entstanden. Der Reitstil, der sich daraus entwickelte, wird traditioneller oder auch englischer Reitstil genannt.

Ihren Ursprung haben diese Sportarten und der entsprechende Reitstil aber nicht nur in England, sondern eben auch in Deutschland, Österreich oder Spanien. Viele Reitschulen orientieren sich bei uns an diesem traditionellen Stil. Dabei bewegt der Reiter das Pferd durch ein Zusammenspiel von Schenkel-, Zügel- und Gewichtshilfen.

Die traditionelle (englische) Reitweise passt gut zu Dir, wenn Du Dressur-, Spring- oder Vielseitigkeitsreiten toll findest. In einer Reitschule mit diesem Schwerpunkt wirst Du vor allem auf Warmblütern reiten. Auch auf Reitponys – Warmblüter im Kleinformat – wirst Du häufig treffen. Aber keine Regel ohne Ausnahme: Es kann durchaus auch Haflinger, Norweger oder andere Pferderassen mit traditioneller Ausbildung in Deiner Reitschule geben.

SCHAU ONLINE:

www.pferd-aktuell.de

Schau Dich doch auf der Internetseite der Deutschen Reiterlichen Vereinigung e.V. (FN) um. Die FN gibt es bereits seit über 100 Jahren. Sie organisiert den Pferdesport und die Pferdezucht in Deutschland.

Auf dieser Seite erfährst Du eine Menge über das Dressur-, Spring-, Vielseitigkeitsreiten und das Fahren, über Wettbewerbe, die Reitabzeichen, den Turniersport in Deutschland und international und vieles mehr. Unter anderem findest Du eine Liste mit Adressen von Pferdebetrieben, die klassischen Reitunterricht anbieten.

Die Westernreitweise

Das Westernreiten kommt aus dem »Wilden Westen« von Amerika. Ohne sein Pferd konnte ein Cowboy seinen Job auf einer Farm nicht erledigen. Noch vor etwa 130 Jahren gab es im Westen der Vereinigten Staaten von Amerika (USA) riesige Rinderherden. Die Rinder gehörten zu unterschiedlichen Farmen, und die Farmer kennzeichneten ihre Rinder durch eigene Brandzeichen. Die Tiere lebten halbwild in der Prärie. Immer wieder mussten die Herden zusammengetrieben werden, zum Beispiel, damit neu geborene Kälber mit dem entsprechenden Brandzeichen der Farm, zu der sie gehörten, markiert werden konnten, oder um kranke Tiere zu behandeln.

Diese junge Reiterin nimmt an einer Trail-Prüfung für Jugendliche auf einem Western-turnier teil.

Die Herden wurden auch aus dem Westen in den Osten der USA gebracht, denn dort entstanden große Städte, und man brauchte Fleisch für die wachsende Bevölkerung. In dieser Zeit wanderten viele Menschen aus Europa nach Amerika aus. Sie wünschten sich ein besseres Leben, da sie in ihrer Heimat keine Arbeit fanden und oft arm waren.

Die Cowboys mussten die Viehherden über Hunderte von Kilometern zu den weit verstreuten Eisenbahnstationen treiben, wo sie in Waggons verladen und in den Osten des Landes transportiert wurden. Die Cowboys saßen tagelang viele Stunden im Sattel. Dafür brauchten sie natürlich Pferde, die diese Anstrengungen aushielten und auf die sie sich verlassen konnten. Auch heute gibt es in den USA noch große Rinder-Farmen. Dort findet man nach wie vor Cowboys, die Pferde für ihre Arbeit brauchen. Sie kontrollieren die Zäune der Weiden, reparieren sie wenn nötig und schauen, ob die Tiere gesund sind. Regelmäßig müssen Herden auf andere Weideplätze getrieben werden oder zurück zur Farm, um Tiere zu impfen oder tierärztlich zu behandeln. Zu Fuß oder mit einem Auto wäre das gar nicht machbar.

Das Westernreiten hat sich aus dieser Arbeitsreiterei der Cowboys entwickelt. Im Gegensatz zu Englischreitern setzen Westernreiter zur Verständigung mit ihrem Pferd nur kurze Hilfen ein, so genannte Impulse, und reiten ohne ständigen Zügelkontakt.

Bei uns ist das Westernreiten reines Freizeitvergnügen oder Sport, denn zur Arbeit in der Landwirtschaft werden Pferde nicht benötigt. Wie beim klassischen Reiten gibt es auch beim Westernreiten verschiedene Turniersparten wie Western Riding, Reining oder auch das so genannte Cutting, die Rinderarbeit. Besuch doch mal ein Westernreitturnier, da siehst Du dann die verschiedenen Prüfungen und vor allem die Ausrüstung von Pferden und Reitern.

Die klassischen Westernpferderassen sind Quarter Horse, Paint Horse und Appaloosa, diese hast Du am Anfang des Buches schon kennengelernt. Sie zeichnen sich durch ihre mittlere Größe und ihre Gelassenheit aus. Natürlich können auch Pferde anderer Rassen im Westernstil geritten werden.

Westernreiten passt gut zu Dir, wenn Du es eher entspannt und locker magst, denn bei der Ausbildung von Westernpferden liegt der Schwerpunkt auf Ruhe und Sicherheit. Die Pferderassen sind kleiner als Warmblüter. Die Ausrüstung von Westernpferden ist mit der von Dressur- oder Springpferden nicht vergleichbar. Auch die Kleidung der Reiter unterscheidet sich komplett. Aber vielleicht findest Du ja Jeans, Boots und Cowboyhut besonders cool.

SCHAU ONLINE:

www.westernreiter.com

Wenn Du Dich für das Westernreiten interessierst, dann schau Dich auf der Internetseite der »Ersten Westernreiter Union Deutschland e.V.« (EWU) um. Die EWU ist der größte Westernreitverband in Deutschland und Europa. Es gibt sie seit 1978, seit 1993 ist die EWU der Deutschen Reiterlichen Vereinigung (FN) angeschlossen. Du erhältst auf dieser Seite viele Informationen über das Westernreiten wie Ausbildung, Ausrüstung, Pferderassen, Turnierdisziplinen, Reitabzeichen, Möglichkeiten für Kinder und Jugendliche usw. Auch eine Liste mit Western-Reitschulen wirst Du dort finden.

Gangpferdereiten

Es gibt Pferde, die beherrschen außer den Grundgangarten Schritt, Trab und Galopp noch weitere Gangarten wie z.B. Tölt und Pass. Pferde mit dieser Veranlagung werden Gangpferde genannt. Isländer sind bei uns die bekanntesten Gangpferde und vor allem bei Kindern sehr beliebt. Vor gut 50 Jahren kamen die ersten Isländer direkt von ihrer Heimat aus dem hohen Norden nach Deutschland. Die Pferde gelten als ideale Freizeitpferde, eignen sich aber durchaus auch für den Sport.

Ihr guter Charakter und ihre Größe zwischen 1,30 und 1,48 m machen sie zu beliebten Familienpferden, da sowohl Kinder als auch Erwachsene auf ihnen reiten können. Islandpferdereiter schwärmen von der Gangart Tölt. Wenn Du einen guten Reiter tölten siehst, wirst Du staunen, wie ruhig er im Sattel sitzt. Der Tölt ist eine so genannte Viertakt-Gangart und kann von einem eher langsamen Schritt-Tempo bis zum Renn-Tempo geritten werden. Um diese Gangart genießen zu können, musst Du schon recht gut reiten können.

Der Rennpass ist die fünfte Gangart des Islandpferdes. Er ist wie der Galopp eine so genannte Fluchtgangart und wird nur auf kurzen Strecken im rasanten Renn-Tempo geritten. Für die Pferde ist diese Gangart sehr anstrengend. Isländer erreichen im Rennpass bis zu 45 km/h. Schau doch mal auf den Tacho, wenn Du mit Deinen Eltern im Auto unterwegs bist, wie schnell das ist.

Welcher Reitstil gefällt Dir?

SCHAU ONLINE:

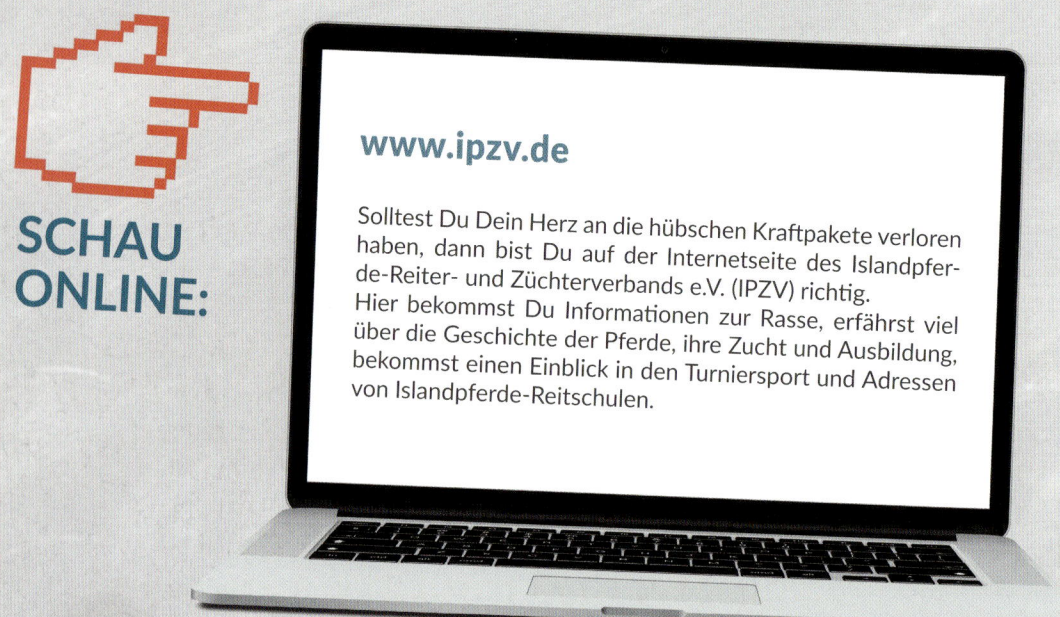

www.ipzv.de

Solltest Du Dein Herz an die hübschen Kraftpakete verloren haben, dann bist Du auf der Internetseite des Islandpferde-Reiter- und Züchterverbands e.V. (IPZV) richtig. Hier bekommst Du Informationen zur Rasse, erfährst viel über die Geschichte der Pferde, ihre Zucht und Ausbildung, bekommst einen Einblick in den Turniersport und Adressen von Islandpferde-Reitschulen.

Auch für Islandpferde gibt es spezielle Wettbewerbe, z.B. Töltprüfungen, Passrennen oder so genannte Mehrgangprüfungen, in denen neben Tölt und Pass auch die Grundgangarten Schritt, Trab und Galopp beurteilt werden. Geritten wird in verschiedenen Alters- und Leistungsklassen. Der Wettkampf findet auf Ovalbahnen statt. Eine Ovalbahn musst Du Dir wie einen lang gezogenen Ring vorstellen. Es gibt auch allerlei Wettbewerbe für Kinder, z.B. Fahnenrennen und Reiterspiele.

Das Reiten auf Islandpferden passt gut zu Dir, wenn Du auf Pferden reiten möchtest, die mehr als nur drei Gänge haben. Allerdings zeigen nicht alle Islandpferde Tölt und Pass, sei also nicht enttäuscht, wenn Dein Herzenspferd kein »Tölter« ist. Islandpferdereiter lieben es, draußen im Gelände unterwegs zu sein. Sie nehmen mit ihren felligen Freunden gerne an Wanderritten oder Geschicklichkeits-Wettbewerben teil. Gefällt Dir das auch, dann bist Du bei dieser Pferderasse richtig. Möchtest Du allerdings an klassischen Dressur- und Springturnieren teilnehmen, dann solltest Du doch eher einen Warmblüter satteln.

Der Schwerpunkt dieses Buches liegt beim Reiten, aber ich möchte Dir
weitere Möglichkeiten zeigen, wie man noch mit Pferden aktiv sein kann.

Fahren mit Ponys

Bevor Menschen überhaupt daran dachten, auf Pferden zu reiten, nutzten sie
sie bereits zum Lastenziehen. Schon die Römer spannten ihre Pferde vor
über 2000 Jahren vor Reisewagen und ließen sich von A nach B kutschieren.
Du hast sicher selbst schon einmal das ein oder andere Gespann (damit sind
die Pferde samt Kutsche gemeint) gesehen, vielleicht eine prächtig geschmückte
Hochzeitskutsche mit vier lackschwarzen Friesen davor. Oder ein Brauereige-
spann auf einem Volksfest. Oder gar im Fernsehen die prunkvolle Kutsche
der Englischen Königin. Sie ist selbst eine erfahrene Reiterin, besitzt viele
Pferde und lässt sich regelmäßig zu verschiedenen Anlässen, die auch im
Fernsehen übertragen werden, durch Englands Hauptstadt London ziehen.
Das Fahren hat sich in Deutschland über viele Jahrzehnte entwickelt und ist
heute sowohl eine beliebte Freizeitbeschäftigung als auch Turniersport.
Ich habe für dieses Buch Sabine Schweickert von der »Fahrschule Schweickert«
in Primasens, Rheinland-Pfalz, getroffen. Sie hat hier ein paar nützliche
Informationen für Dich zusammengestellt.

Fahren lernen für Kinder und Jugendliche?

Ja, genau, Du hast richtig gelesen! Das soll's geben! Fahren mit Ponys und Pferden ist nicht nur Freizeitspaß für Erwachsene, sondern auch für Kinder und Jugendliche. Nicht nur, weil Du draußen in der Natur, weitab von einer staubigen Halle, zusammen mit Deinem vierbeinigen Freund die Freizeit genießen kannst, sondern auch, weil Du beim Fahren nie alleine unterwegs bist! Freunde oder Eltern können mit dabei sein, und das bringt einen Riesen-Spaß!

Um ein richtiger Fahrer zu werden, solltest Du unbedingt das Fahren in einer Fahrschule lernen. Denn nur, wenn Du weißt, wie man die Leinen richtig hält, und das Pony auch macht, was Du von ihm verlangst, kannst Du sicher fahren. Und das ist wichtig, denn so ein Pony kann ganz schön stark sein!

Es gibt wesentlich weniger Fahrschulen als Reitschulen, daher wird die Suche nach Fahrunterricht sicher etwas länger dauern. Sollte es in Deiner Nähe keine Fahrschule geben, wäre ein Ferienkurs eine Alternative. Mach doch Fahrerferien statt Reiterferien! Zusammen mit Gleichaltrigen zu lernen macht gleich doppelt so großen Spaß! Und das am besten noch mit Ponys, denn die sind aufgrund ihrer Größe praktisch zum Üben.

Kleidung fürs Fahren

Zum Fahren brauchst Du keine teure Kleidung. Zieh einfach Sachen an, die bequem sind und in denen Du Dich wohlfühlst. Wichtig sind Handschuhe, aber keine zu dicken, damit Du die Leinen gut in den Händen halten kannst. Notwendig sind ein gut passender Helm und eventuell noch eine Schutzweste. Sicher ist sicher. Dein Fahrlehrer wird Dir sagen, ob Du eine Weste brauchst oder nicht.

So lernst Du das Fahren

Zuerst erfährst Du alles rund ums Pony. Den richtigen Umgang, die Pflege, seine optimale Haltung, was es frisst und wie es sich verhält. Das bringt Dich schon enorm weiter. Danach lernst Du, wie man ein Pony führt und anbindet. Damit Du das Führen gut beherrschst, lernst Du, das Pony um Hindernisse herumzuführen und an verschiedenen Stellen anzuhalten. Klappt das alles, kommt der nächste Schritt. Du lernst, wie Du die Leinen richtig hältst, was es für Geschirrteile gibt, wie Du sie dem Pony anlegst und wie Du es vor den Wagen spannst. Alles hat seine Reihenfolge, damit nichts schiefgeht.

Dir wird auch gezeigt, wie eine Kutsche funktioniert und wie Du sie beim Fahren gefühlvoll bremst. Das ist sehr wichtig, damit später beim Fahren nichts passiert. Dein Fahrlehrer wird Dir genau erklären, wie Du richtig auf der Kutsche sitzt und wie Du Dich mit Deinem Pony verständigst.

Dein Pony soll Dich verstehen

Wenn Du fahren möchtest, musst Du Dich wie gesagt mit dem Pony verständigen können. Du gibst ihm Anweisungen, so genannte Hilfen, damit es Dich versteht. Wie man die Hilfen gibt, musst Du lernen. Das ist zu Beginn meist gar nicht so einfach. Dein Fahrlehrer wird Dir dabei helfen, damit Du mit Deinem Pony wohlbehalten von A nach B kommst. Doch welche Hilfen setzt denn ein Fahrer eigentlich ein? Es sind Leinen-, Stimm-, Peitschen- und Bremshilfen, die dem Pony sagen, was es machen soll. Hast Du das erst einmal gelernt, macht Fahren so richtig Spaß!

Das ist **Marie,** sie ist acht Jahre alt und hat 2015 ihr erstes Fahrabzeichen »FA 7« im Fahrstall Schweickert erfolgreich abgelegt! Gefahren hat sie bei der Prüfung Karl und Krümel, zwei nette Shetlandponys. Das ist schon toll in dem Alter. Marie reitet auch, aber Fahren macht ihr ebenso großen Spaß. Marie hat ein eigenes Pony und möchte irgendwann mal so gut fahren können, dass sie an Fahrturnieren teilnehmen kann. Wir drücken ihr die Daumen, dass alles klappt!

Abzeichen-Fahrkurse für Kinder

Auch Du darfst schon im Fahren ein so genanntes Fahrabzeichen ablegen. Für kleine Fahrer gibt es von der FN das Fahrabzeichen 10 (FA 10), bei dem Du zeigen kannst, dass Du schon vieles rund ums Pony weißt.

Auch dass Du Geschirre kennst und dass Du den Großen beim Aufschirren und Anspannen helfen kannst. Wenn Du bereits so weit bist, dass Du auf einem umzäunten Platz selber fahren kannst, dann darfst Du das Fahrabzeichen 7 (FA 7) ablegen. Eine Prüfung ist zwar immer sehr aufregend, aber gar nicht so schlimm. Man hört einfach dem Fahrlehrer gut zu, lernt noch ein wenig und schon geht's! Und ehrlich gesagt: Mit den Ponys hat man ja immer Spaß, auch wenn's aufregend ist! Du erhältst dann eine Urkunde und einen Anstecker! Dann darfst Du mit Stolz sagen: »Ich bin Fahrer!« Und jetzt los! Ran an die Leinen!

Mehr über Familie Schweickert und ihren Ausbildungsbetrieb erfährst Du unter **www.fahrstall-schweickert.de**

Voltigieren – ein Teamsport mit Pferden

Für viele Pferdefreunde ist das Voltigieren die Vorstufe zum Reiten. Vielleicht ist das Turnen auf einem Pferd in der Gruppe ja auch etwas für Dich. Voltigieren ist eine Sportart, die es in etwas anderer Form schon sehr lange gibt. Voltigiert wurde bereits in römischer Zeit. Bei den altrömischen Spielen standen neben Pferde- und Wagenrennen zusätzlich auch Vorstellungen auf galoppierenden Pferden auf dem Programm. Auch im Mittelalter hatten die Ritter Spaß an akrobatischen Übungen auf ihren Pferden. Sie zeigten ihre Kunststücke in voller Rüstung, was ganz schön anstrengend gewesen sein muss.

Du hast sicher schon mal Artisten im Zirkus bewundert, die Dir mit ihren akrobatischen Glanznummern auf Pferden besonders imponiert haben. Was beim Voltigieren gemacht wird, erinnert etwas an diese Zirkusartisten. Voltigieren bedeutet Turnen am und natürlich auf dem Pferd. Das können ganz einfache, aber auch super-schwierige Übungen und Figuren sein, wie z.B. ein Salto vom Pferd.

Du bist beim Voltigieren nicht alleine, sondern in einer Gruppe, die aus 8 bis 10 Kindern und Jugendlichen besteht. Du lernst neben den verschiedensten Übungen auch das Pferd genauer kennen, seine Bewegungen und sein Verhalten, aber auch seine Eigenarten.

Voltigieren kann zudem Leistungssport sein, es gibt eine Reihe Wettkampfformen für Gruppen-, aber auch für Einzel- und Doppelvoltigierer. Früher war die Turnierkarriere für Voltigierer mit 18 Jahren beendet, seit 2008 gibt es keine Altersbeschränkungen mehr, daher trifft man in Gruppen und auf Turnieren durchaus Voltigierer weit über 18 Jahren.

Voltigieren wird in vielen Reitvereinen für Anfänger und Fortgeschrittene angeboten. Bevor Du Dich für einen bestimmten Verein entscheidest, solltest Du Dir den Unterricht erst einmal ansehen. Findest du die Trainerin nett? Gefällt es Dir, wie der Unterricht abläuft?

Möchtest Du in einer Spielgruppe voltigieren – oder bist Du schon einen Schritt weiter? Macht es den Voltigierern Spaß? Wie verhält sich das Pferd? Ist es ruhig oder ängstlich? »Hier gefällt es mir, da würde ich gerne mitmachen«, so sollte Dein Gefühl sein. Dann bist Du richtig.

Als Voltigierer wirst Du durch den zusätzlichen Gymnastikunterricht, der ohne Pferd abläuft, ganz schön fit. Es werden Laufspiele, Balance- und Kraftübungen und vieles mehr gemacht, damit Dir die Übungen auf dem Pferd leichter fallen. Dabei werden Dein Gleichgewichtssinn, Deine Beweglichkeit, Deine Stütz- und Sprungkraft sowie Deine Koordination trainiert.

Das Pferd geht beim Voltigieren auf dem Zirkel. In der Mitte des Kreises steht der Longenführer. Er hält die Longe, eine 8 m lange Leine, an der das Pferd läuft. Zudem hält er eine lange, meist weiße Peitsche in der Hand, mit ihr treibt er das Pferd an oder weist es auf die Kreislinie zurück. In manchen Gruppen unterrichtet der Longenführer auch, schön ist es aber, wenn er sich komplett auf das Pferd konzentrieren kann und der Unterricht von einem zusätzlichen Trainer geleitet wird.

Anders als beim Reiten hat nicht jeder sein eigenes Pferd, sondern ein Pferd steht einer ganzen Gruppe zur Verfügung. Das Pferd ist die absolute »Hauptperson«. Natürlich sollst Du in der Volti-Stunde Spaß haben. Das ist ja klar! Aber alle Kinder und Jugendlichen sind neben dem Longenführer und Trainer dafür verantwortlich, dass es dem Volti-Pferd auch Spaß macht und es ihm

Das Knien gehört zu den Pflichtübungen beim Voltigieren.

Auch die Fahne zählt zur »Pflicht«. Sie wird in den verschiedenen Leistungsklassen unterschiedlich ausgeführt. In der Leistungsklasse A wird das rechte Bein nach hinten oben ausgestreckt, ab Leistungsklasse L kommt noch der ausgestreckte linke Arm dazu.

gut geht. Es stellt Dir und Deinem Team seinen Rücken zur Verfügung, damit Ihr Eure Übungen auf ihm machen könnt, vergiss das nie.

Beim Voltigieren gibt es viele Übungen oder Figuren, die unterschiedlich schwer auszuführen sind. Sie werden unterteilt in Pflicht- und Kürübungen. Die Anforderungen an die Voltigierer ändern sich, je höher die Leistungsklasse ist, in der sie voltigieren. Die Leistungsklassen beim Voltigieren sind A, L, M, Junior und S. Dein Trainer wird Dir erklären, was es mit den Leistungsklassen auf sich hat, welche Pflichtübungen gezeigt werden müssen und welche Anforderungen an eine Kür gestellt werden.
Pflichtübungen sind beispielsweise Grundsitz, Bank, Fahne, Knien, Liegestütz, Mühle, Quersitz, Schere, Stehen, Stützschwung oder Wende nach außen oder innen. Die Pflichtübungen Knien und Fahne siehst Du auf den Bildern.

Einen speziellen Anzug brauchst Du erst, wenn Du an Vorführungen oder einem Turnier teilnimmst. Deine Ausrüstung soll vor allem bequem sein. Für den Unterricht reicht eine Gymnastikhose. Im Sommer kannst Du auch in Radlerhosen voltigieren. Die Pferdehaare können dabei aber ganz schön piken. Zudem bremst Deine Haut den Schwung.

Voltigieren ist ein Teamsport, und schon recht früh besteht die Möglichkeit für Gruppen, an Wettbewerben teilzunehmen. Dabei steht die Freude im Vordergrund, nicht unbedingt die Leistung.

In den langen, glatten Gymnastikhosen voltigiert es sich leichter. Zudem trägst Du ein T-Shirt oder einen Pulli. Die Sachen dürfen nicht zu weit sein. Dein Trainer kann dann nämlich nicht sehen, ob Du ein Hohlkreuz machst oder die Schultern hochziehst. Jacken oder auch Westen sind eher ungeeignet, da man sich mit dem Reißverschluss am Gurt verhaken kann.

An den Füßen trägst Du Gymnastikschläppchen. Turnschuhe oder Straßenschuhe sind absolut ungeeignet. Für das Pferd sind die harten Sohlen sehr unangenehm. Zudem kannst Du Deine Zehen in Schuhen nicht strecken. Das ist aber eine der Grundvoraussetzungen beim Voltigieren. Beim Voltigieren sind die Zehen nach unten gestreckt, beim Reiten hältst Du hingegen Deinen Absatz leicht tief.

Voltigieren ist günstiger als Reiten, allerdings variieren die Preise von Verein zu Verein. Mit einer Monatsgebühr von ca. 20 Euro solltest Du rechnen. Bei Reitvereinen kommen meist eine einmalige Aufnahmegebühr sowie der Jahresbeitrag hinzu, er liegt für Voltigierer im Schnitt bei 50 Euro.

Bodenarbeit

Du erinnerst Dich vielleicht an das Shetlandpony »Pascha«, das ich im Vorwort erwähnt habe. Unser Zusammensein begann am Boden mit der so genannten Bodenarbeit. Die ersten Monate durfte ich mich nicht auf den Wildfang setzen, sondern ich musste mit ihm verschiedene Führ-übungen absolvieren. Meine damalige Trainerin ließ mich immer wieder die unterschiedlichsten Wege mit ihm auf und ab gehen, um Hütchen herumlaufen, über Stangen mit ihm treten und ganz häufig einfach nur nebeneinander stehend Pause machen. Ich kann Dir sagen, anfangs hat »Pascha« mich oft einfach zur nächsten Wiese mitgezogen oder frech geschubst. Ich war für ihn ein kleines, unsicheres Mädchen, vor dem er keinen Respekt haben musste. Das änderte sich aber Schritt für Schritt. Ich wollte es schaffen und übte viel mit ihm. Meine Körperhaltung wurde immer aufrechter, ich wurde cooler und selbstsicherer. Langsam lernte ich, mich durchzusetzen. Ich weiß noch, dass ich eine riesengroße Schachtel Schoko-Küsse bekommen hatte, als ich erstmals einen 10-minütigen Spaziergang mit ihm ohne Unterbrechung und Gezeter schaffte. »Pascha« bekam zur Belohnung Karotten. Auf die war er nämlich total wild.

Locker durch den Slalom-Parcours: Bei der Bodenarbeit lernst Du, Deine Körpersprache richtig einzusetzen und Deinem Pferd klare Signale zu geben.

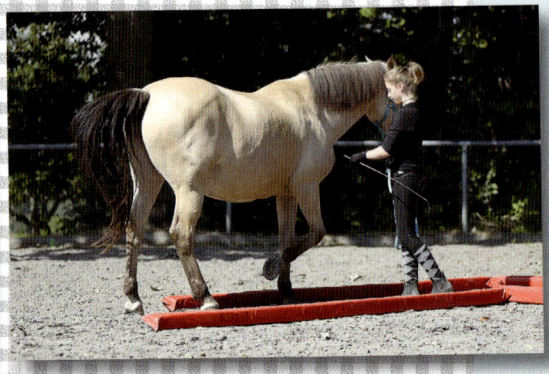

Bei dieser Übung soll das Pferd ohne anzustoßen durch das Stangen-L treten. Sie kann vorwärts und auch rückwärts ausgeführt werden, wie Du auf den Fotos siehst. Auf dem rechten Foto setzt die Bodenarbeits-Schülerin die Gerte als rückwärtsweisende Hilfe an der Pferdebrust ein.

Die Arbeit mit Pferden am Boden ist sehr beliebt. Sobald Du regelmäßig auf einer Reitanlage bist, wirst Du sehen, was Pferdebesitzer mit ihren Pferden neben dem Reiten so anstellen. Auffallen wird Dir sicher, dass viele Pferde longiert werden, was auch eine Form der Bodenarbeit ist. Als Bodenarbeit kann letztlich alles bezeichnet werden, was der Reiter als Fußgänger mit seinem Pferd macht. Der Begriff wird hauptsächlich für Führübungen mit und ohne Hindernisse und für das so genannte »Schreck- oder Scheutraining« verwendet, das Du bereits weiter vorne kennengelernt hast. Für viele Reit-pferde ist die Bodenarbeit eine schöne Abwechslung und eine wichtige Grundlage, wenn man ihnen beispielsweise Zirkuslektionen beibringen möchte.

Die Bodenarbeit gibt Dir die Möglichkeit, Dich intensiv mit Deinem Pferd zu beschäftigen und so eine vertrauensvolle Beziehung zu ihm aufzubauen. Egal, ob es Dein eigenes Pferd ist oder ein Reitschulpferd, das Du regelmäßig reitest. Bereits der tägliche Umgang mit ihm im Stall, beim Putzen oder Zur-Koppel-Bringen ist eine Form der Bodenarbeit, denn letztlich verlangst Du immer etwas von ihm. Zum Beispiel soll es brav am Putzplatz stehen bleiben, wenn Du es bürstest oder ihm die Hufe auskratzt. Oder es soll sich lieb umdrehen, wenn Du es auf der anderen Seite striegeln möchtest. Wenn Du es zur Koppel bringst, soll es neben Dir laufen und nicht mit Dir als fliegendem Fähnchen am Strick in die Koppel sausen.

Das richtige Benehmen muss ein Pferd während seiner Grundausbildung erst einmal lernen. Junge Pferde lernen am Boden die wichtigsten Verhaltensregeln wie Gehorsam, aufmerksam zu sein sowie Geduld und auf Stimm-, Gerten- und Körpersignale zu reagieren.

Die Hilfen bei der Bodenarbeit

Deine **Stimme** ist bei der Bodenarbeit ganz wichtig. Für die verschiedenen Übungen gibt es unterschiedliche Stimmsignale. Wenn es losgehen soll, dann fordere das Pferd zum Beispiel mit »Los« auf, wenn es anhalten soll, dann sag »Halt« zu ihm, wenn es ruhiger und langsamer gehen soll, dann sag »Langsam«. Dein Reitlehrer wird Dir gute Tipps zur Aussprache Deiner Stimmsignale geben. Die **Gerte** ist Dein verlängerter Arm und unterstützt Deine Körpersprache. Mit ihr gibst Du eine Richtung vor, forderst Dein Pferd zum Schnellerwerden auf oder bremst es ab. Nur, wenn Dein Pferd die Arbeit mit der Gerte kennt, darfst Du sie überhaupt nutzen. Für viele Pferde bedeutet die Gerte Strafe, daher bekommen sie leicht Angst. Ein Pferd wird nie mit der Gerte bestraft, weder bei der Bodenarbeit noch beim Reiten. Die Gerte soll immer nur andere Hilfen unterstützen.

Diese beiden haben schon einige Bodenarbeits-Stunden hinter sich, und der Sprung durch den Reifen aus Poolnudeln gelingt ganz locker.

Expertenrat von Reitlehrerin Urte Biallas

Die Ausbildung im Führen und im Umgang wird leider häufig in Reitschulen vernachlässigt, obwohl gerade dabei schwere Unfälle passieren können. Die Arbeit mit dem Pferd vom Boden aus kannst Du Dir wie ein intensives Gespräch zwischen Dir und Deinem Pferd vorstellen. Bei Spiel und Spaß mit bunten Hindernissen wächst Du mit Deinem Pferd zu einem Team zusammen. Ganz nebenbei wird Deine Reaktion geschult, und Du bekommst ein Gefühl für das Verhalten des Fluchttieres Pferd. Bei der Bodenarbeit lernst Du, Deine Körpersprache gezielt einzusetzen und klare Signale zu geben. Pferdesprache ist Körpersprache: Das Pferd reagiert unmittelbar und sichtbar auf all Deine Körpersignale und Positionsveränderungen. Die Führposition hinter dem Pferdeauge wirkt vorwärtstreibend, die Position vor dem Pferdeauge bremst Dein Pferd. Hand- und Gertensignale lassen das Pferd schneller gehen oder seitwärts weichen, mit der Drehung Deiner Schulter leitest Du eine Wendung ein. Du wirst im Umgang mit dem Pferd immer mutiger und sicherer werden, wenn Du merkst, wie vertrauensvoll Dir dieses große Tier über ein »gefährliches« Hindernis wie eine Plane folgt, einen Gymnastikball kickt oder auf ein leichtes Signal zur Seite oder rückwärts weicht.

Ausrüstung für Dein Pferd: Ein gut sitzendes Halfter (nicht zu weit, damit es nicht seitlich ins Auge rutschen kann, hoch genug verschnallt – Nasenriemen ca. 2 Finger breit unter dem Jochbein). Pferde, die noch nicht soweit sind, sich am einfachen Halfter fein von Kindern dirigieren zu lassen, sind nicht geeignet und benötigen eine weitere Grundausbildung durch erfahrene Erwachsene.

Ausrüstung für Dich: feste Schuhe, Handschuhe, eine eher steife Gerte ca. 1,10 m lang. Kleineren Kindern, die mit größeren Pferden arbeiten, empfehle ich das Tragen eines Reithelms.

Ideal für die Bodenarbeit sind Ponys in passender Größe, ruhig, freundlich, nervenstark und mit einer soliden Grundausbildung am Boden. Der Unterricht sollte auf einem sicher umzäunten Platz stattfinden. Wenn Dir Dein Pony mal abhauen sollte, ist es schnell wieder eingefangen.

Urte Biallas lebt mit ihrem Mann, ihrer Islandstute Sída und dem Exmoor-Pony Lavena auf einem Hof auf der Schwäbischen Alb (Baden-Württemberg). Sie gibt Unterricht mit Schwerpunkt Bodenarbeit, Schrecktraining und Trailreiten. Ihr macht die Bodenarbeit mit ihrem Pferd auch großen Spaß, wie Du auf dem Foto sehen kannst.

Keinen Druck machen

Probiere bitte etwas aus: Drück beim Putzen mal richtig gegen den Bauch Deines Pferdes. Was fällt Dir auf? Ja, richtig, Dein Pferd lehnt sich gegen Dich. Du wirst merken, dass das auch bei der Arbeit mit Deinem Pferd häufig so ist. Ziehst Du am Führstrick, ohne nachzugeben, wird Dein Pferd dagegenziehen. Druck erzeugt Gegendruck, so heißt diese Regel. Daher wird bei der Bodenarbeit mit Impulsen gearbeitet: Mit der Gerte wird das Pferd immer nur kurz angetippt, am Führseil wird immer nur kurz gezupft. Reagiert das Pferd, dann hört das Signal sofort auf, und es wird gelobt. Belohnung ist ganz wichtig. Dein Pferd soll merken, wenn es etwas richtig gemacht hat. Merk Dir das für alle Bereiche mit dem Pferd.

Zu Deiner Sicherheit

Wickel Dir das Führseil niemals um Deine Hand. Sollte das Pferd wegspringen oder losstürmen, dann ziehen sich die Schlaufen automatisch zu, und es kann zu gemeinen Verletzungen an Deinen Fingern oder der ganzen Hand kommen. Pferde und Ponys haben viel Kraft, vergiss das nie. Auch das allerliebste Pferd kann sich mal erschrecken. Die hinteren ca. 80 cm Deines Stricks liegen bei der Bodenarbeit und auch beim einfachen Führen in Schlaufen in Deiner Hand. So kann nichts passieren, denn die Schlaufen rutschen durch Deine Hand.

Sicherheit ist gerade auch bei etwas anspruchsvolleren Übungen wichtig. Es gilt: Den Strick niemals um die Hand wickeln.

Führpositionen und Übungen

Bei der so genannten Grundposition befindet sich der Kopf des Pferdes neben Deiner Schulter. So hast Du das Pferd immer im Blick und kannst es rechtzeitig bremsen. Das Pferd darf von beiden Seiten geführt werden. Geht das Pferd links neben Dir, dann fass das Führseil mit Deiner linken Hand ca. 20 cm unterhalb des Hakens. Die vom Pferd weiter entfernte Hand hält das Seilende und die Gerte. Deinen Führarm streckst Du leicht weg, damit ein kleiner Abstand zwischen dem Pferd und Dir entsteht. Zum Losgehen zupfst Du nun etwas am Führseil. Dazu gibst Du laut und deutlich das Stimmkommando »Los«. Gleichzeitig tippst Du Dein Pferd mit der Gerte an, je nach Pferdegröße am Bauch oder bei kleineren Pferden seitlich unten an der Kruppe.

Durch kurzes Zupfen wird die Norweger-Stute aufmerksam gemacht, sie soll gebogen um das nächste Hütchen gehen. Noch weiß sie nicht so recht, wo's hingeht, nun ist Körpersprache verlangt.

Stell Dir das Gertensignal so vor, als würdest Du jemandem auf die Schulter tippen. Geht das Pferd los, gehst Du mit ihm einfach weiter.

Das Pferd soll am lockeren Seil neben Dir laufen. Wenn Du Dich vor dem Pferdekopf, also vor seinem Auge befindest, dann wirkt das bremsend. Wenn Du hinter seinem Auge gehst, dann wirkt das treibend. Möchtest Du, dass das Pferd langsamer wird, dann dreh Deine Schulter, die vom Pferd wegzeigt, etwas nach vorne.

Wird das Pferd schneller, dann kannst Du die Gerte unterstützend einsetzen, indem Du sie ca. einen halben Meter vor dem Pferdekopf langsam auf und ab bewegst. Du läufst anschließend in der Position vor dem Pferdeauge weiter, damit Dein Pferd nicht wieder schneller wird. Wenn Du abwenden möchtest, dann zupf kurz am Führseil und dreh Deine Schulter in die neue Richtung, zusätzlich zeigst Du Deinem Pferd mit dem Gertenknauf die Richtung an. Achte darauf, dass Dein Pferd gebogen in die Kurve geht.

Der kleine Zirkuskurs

mit **Monika Hannawacker** und ihren Schülern **Elisabeth & Jacko**

Bodenarbeit einmal anders

Vielleicht hast Du schon mal eine Veranstaltung besucht, bei der eine Show-Nummer mit Zirkus-Tricks auf dem Programm stand. »Wow«, hast Du Dir vielleicht dabei gedacht. Zu den klassischen Zirkuslektionen gehören das Kompliment, das Knien, das Liegen und Flachliegen sowie der Spanische Schritt und das Steigen. Neben diesen Lektionen, die Du am besten in einem Kurs oder mit einem Trainer erlernst, gibt es auch noch viele kleine Lektionen und Tricks, die Du Deinem Pferd oder Pony ganz spielerisch beibringen kannst.

Teppich ausrollen

Dafür brauchst Du, na klar, einen Teppich. Der sollte sich gut zusammenrollen lassen und sich nicht gleich von selber wieder ausrollen. Sonst hat das Pferd ja nichts mehr zu tun ... Zuerst machst Du das Pferd mit dem Teppich bekannt. Du legst ihn auf den Boden und platzierst ein Leckerli oder eine Karotte darauf. Im Idealfall nimmt das Pferd nun das Leckerli und hat kein Problem mit

diesem aufgerollten »Ding«, schließlich
bekommt es da ja Futter. Manche Pferde
stehen auch einfach nur davor und
kommen gar nicht auf die Idee, nach dem
Leckerli zu suchen. Dann musst Du ihm
etwas auf die Sprünge helfen, indem Du
einfach Deine Hand mit dem Leckerli und
der schnuppernden Pferdenase dran zum
Teppich herunterführst und das Leckerli
auf dem Teppich ablegst. Jetzt weiß Dein
Pferd genau, wo es suchen muss, um die
Leckerei zu bekommen.

Wenn Dein Pferd ein kleiner »Angst-
hase« ist, dann musst Du den Teppich
weiter zusammenrollen, also kleiner
machen, und Dein Pferd langsam heran-
locken, bis es das Leckerli wirklich vom
Teppich nimmt. Danach rollst Du den
Teppich wieder etwas weiter aus.

Welcher **Reitstil** gefällt Dir?

Der kleine Zirkuskurs

Wie kannst Du Deinem Pferd nun begreiflich machen, dass es den zusammengerollten Teppich auch ausrollen soll? Das ist gar nicht so schwer. Dafür legst Du auf dem Teppich eine »Leckerli-Straße« aus, an der sich Dein Pferd nun entlangfuttern kann. Das wird es bald mit Begeisterung machen.

Zeit für den nächsten Schritt: Jetzt rollst Du den Teppich mit der »Leckerli-Straße« darauf bis zur Hälfte ein und siehe da, Dein Pferd wird auf der Suche nach dem Futter den zusammengerollten Teppich mit seiner Nase ein Stückchen aufstupsen. Nun kommt ein weiteres Leckerli zum Vorschein, und schon geht es weiter. Mit der Zeit brauchst Du keine Spur mehr zu legen, dann reicht eine Leckerei am Schluss, wenn Dein Liebling den ganzen Teppich komplett ausgerollt hat. Nun kann das Pferd sich selber einen roten Teppich ausrollen.

Lach mal!

Ein weiterer Trick, der immer gut ankommt, ist das lachende Pferd. Dein Pferd lacht natürlich nicht, weil es Dich gerade so lustig findet. Du wirst Dein Pferd in diesem Trick zum so genannten Flehmen (siehe Seite 52) bringen, dabei sieht es aus, als würde es lachen.

Flehmen kann jedes Pferd. Es stülpt dabei die Oberlippe auf und nimmt so einen besonderen oder seltsamen Geruch besser wahr. Genau dieses Verhalten kannst Du Dir zunutze machen. Bei einigen Pferden funktioniert es recht

gut, wenn Du ihnen einen ungewöhnlichen Geruch vorsetzt. Dafür kannst Du z.B. mit ein wenig Erkältungsbalsam experimentieren. Gib einfach etwas davon auf einen Finger und lass Dein Pferd daran kurz schnuppern. Sollte es nun die Oberlippe aufstülpen und Dich »anlachen«, musst Du es natürlich sofort ausgiebig loben und belohnen. Schließlich muss Dein Pferd verstehen, dass Du genau diese »Schnute« von ihm willst.

Sobald es gemerkt hat, dass es für sein Flehmen belohnt wird, brauchst Du den Erkältungsbalsam nicht mehr, dann reicht schon das Hinzeigen mit dem Finger zu seiner Nase. Viel Spaß beim Ausprobieren!

Expertin Monika Hannawacker veranstaltet Zirkus-Kurse und macht natürlich auch mit ihren eigenen Pferden häufig Zirkus-Arbeit. Für sie bedeuten diese Lektionen Abwechslung, sie dienen aber zudem dazu, die Pferde gelenkig und motiviert zu halten. Sie zeigt Dir hier zwei Lektionen, die sie bereits mit ihren jüngsten Schülern übt. **www.zirkuslektionen-mit-pferden.de**

Wo lernt man reiten?

Reiten soll Spaß machen

Sprich mit Deinen Eltern über Deinen Traum, sollten sie über Deinen Herzenswunsch nicht bereits Bescheid wissen, und überleg gemeinsam mit ihnen, wie aus Deinem Wunsch Wirklichkeit werden könnte. Wie bei allen Hobbys, egal, ob man Klavier spielen lernen möchte oder Basketball, man muss die Chance bekommen, das Instrument oder die Sportart auszuprobieren. So ist das auch beim Reiten. Du solltest die Möglichkeit haben, mit Pferden unter sachkundiger Anleitung Zeit zu verbringen, bei der Pferdepflege dabei zu sein, Schnupperstunden zu nehmen und auch anderen beim Reiten zuzuschauen. So kannst Du Dir ein Bild davon machen, ob ein Sport mit Pferden etwas für Dich ist.

Es gibt verschiedene Möglichkeiten, wo Du das Reiten lernen kannst. Zum einen ist da der klassische Reitverein mit einer angegliederten Reitschule, mehreren Schulpferden und/oder -ponys. Schau doch mal, ob sich ein Reitverein in Deiner Nähe befindet, und besuche ihn.

Zum anderen gibt es private Pferdebetriebe, die Reitunterricht für Kinder und Jugendliche anbieten. Vielleicht reitet oder voltigiert schon eine Freundin von Dir. Geh doch einfach mal mit und sieh Dir die Reitschule an.

Reiten muss Spaß machen, das ist ganz wichtig. Und in einer Gruppe mit Freundinnen wird die Freude am Reiten umso größer sein. Man kann gemeinsam über seine Lieblingspferde sprechen, darüber diskutieren, was in der Reitstunde gut oder auch einmal weniger gut geklappt hat, und sich untereinander helfen. Als Kind habe ich ganz viel Zeit mit meinen Reiterfreundinnen im Stall verbracht, wir haben uns gemeinsam um die Schulpferde gekümmert, natürlich unter Anleitung unseres Reitlehrers, haben den Mädchen und Jungs, die neu dazukamen, beim Putzen, Satteln oder Auftrensen geholfen. (Das hat auch meine Eltern glücklich gemacht, denn sie wussten eigentlich immer, wo ich war. Im Zweifelsfall im Stall.) Noch heute – viele Jahre später – bin ich mit einigen dieser Mädchen von damals gut befreundet. Und die meisten von uns reiten auch noch.

Der Pferdesport schweißt zusammen, das wirst Du bald merken. Es wird aber sicher auch Freundinnen geben, die Deine Liebe zu Pferden nicht so ganz verstehen können und vielleicht, wenn bei der nächsten Geburtstagsparty wieder nur über Pferde geredet wird, gelangweilt die Augen verdrehen.

Wie alt solltest Du sein?
Bereits im Grundschulalter ist der Einstieg in den Reitsport denkbar. Im Einzel- oder Gruppenunterricht, auf einem geführten Pony oder an der Longe. Manche Grundschulen haben Kooperationen mit Reitvereinen und bieten Schnupperstunden an. Ein gutes Alter zum Reitenlernen ist zwischen 10 und 15 Jahren.

Irgendwann ist es soweit und Du bekommst Deine erste Reitausrüstung. Die Auswahl an Reithosen, Jacken, Westen und Reitstiefeln ist riesig. Wichtig neben allem Schick ist, dass die Reitausrüstung bequem sitzt und nichts zwickt oder drückt.

Gut gerüstet für die erste Stunde

Du brauchst für Deine erste Schnupperstunde noch kein komplettes Reitoutfit. Es reichen ein Paar Stiefel oder knöchelhohe Schuhe mit einer durchgehenden Sohle und kleinem Absatz. Ganz wichtig ist der Reithelm! Frag nach, ob Du Dir vor Ort einen ausleihen kannst, wenn nein, dann frag eine reitende Freundin. Am besten trägst Du eine eng anliegende Jeans. Die Hose sollte auf jeden Fall elastisch sein, sodass Du Dich gut bewegen kannst.

Was gehört zur Reitausrüstung?

Wenn Du Dir sicher bist, dass Reiten Dein Sport ist, und Du Dir Deine erste Reitausrüstung aussuchen darfst, wirst Du staunen, wie groß das Angebot an Reitsportartikeln ist. Sicher gibt es in Deiner Nähe ein Reitsportgeschäft. Du musst natürlich nicht gleich alles neu haben, es gibt auch gute gebrauchte Reithosen oder Stiefel. In Deinem Reitstall hängt bestimmt ein »Schwarzes Brett«, an dem Kleidung und Zubehör angeboten werden.

Der Reithelm (ab ca. € 40,-, reine Kinderhelme eher teurer)

Der Reithelm ist der wichtigste Ausrüstungsgegenstand und muss genau auf Deinen Kopf passen. Er darf nicht drücken, aber auch nicht zu locker sitzen. Moderne Reithelme sind leicht, luftig und schützen den Kopf optimal. Reithelme unterliegen in Europa einer so genannten Sicherheitsnorm (Euro-Norm EN 1384). Achte darauf, dass der Helm eine Dreipunkt-Befestigung hat. Er sollte so eng sein, dass sich Deine Haut auf Deiner Stirn leicht mitbewegt, wenn Du ihn nach rechts und links drehst. Nick mal mit dem Kopf. Bewegt sich Dein Helm? Das darf er höchstens ganz leicht, er darf Dir nicht auf die Nase oder nach hinten ins Genick rutschen. Helme gibt es heute in unterschiedlichen Ausführungen, bunt, mit Aufdruck, Glitzersteinchen oder Stoffbezug. Du hast da die freie Wahl.

Reitjacken und Reitwesten (ab ca. € 30,-)

Auch bei den Reitjacken und Westen ist die Auswahl riesig. Achte darauf, dass die Jacke, die Du Dir aussuchst, nicht zu lang ist. Es stört, wenn Du beim Reiten auf ihr sitzt. Am besten geeignet sind solche mit einem Zwei-Wege-Reißverschluss. Solch einen Reißverschluss kannst Du am unteren Ende öffnen, das ist zum Beispiel sehr praktisch, wenn Du leichttrabst. Dann schiebt es Dir nicht jedes Mal beim Aufstehen die Jacke gegen das Kinn. Super sind Jacken aus atmungsaktivem Material, in denen schwitzt Du nicht so sehr. Du wirst schnell merken, was die Mädchen in Deiner Reitschule tragen und was gerade so in ist.

Reithosen (ab ca. € 40,-)

Bei der Reithose Deiner Wahl solltest Du darauf achten, dass sie nicht zu eng sitzt, Du musst Dich in ihr gut bewegen können. Zu weit darf sie allerdings auch nicht sein, denn weite Hosen werfen Falten, die dann unangenehm scheuern können. Reithosen haben in der Regel keine Nähte an den Innenseiten. Es gibt sie mit einem Kniebesatz oder mit durchgehendem Gesäß- und Kniebesatz. Der Besatz aus Kunstleder schützt die Innenseiten Deiner Knie vor Scheuerstellen und gibt Dir Halt.

Reitschuhe und Stiefel (Mini-Chaps ab ca. € 20,-; Gummireitstiefel ab ca. € 30,-; Lederreitstiefel ab ca. € 180,-)

Die Schuhe oder Stiefel, die Du zum Reiten trägst, sollten robust sein, denn Schmutz und Nässe sind nichts Ungewöhnliches, wenn man mit Pferden zu tun hat. Die Sohle Deiner Stiefel sollte rutschfest sein. Trägst Du knöchelhohe Stiefel (Stiefeletten), dürfen diese keine tiefen Profilrillen in den Sohlen haben und nicht zu breit sein, denn mit ihnen könntest Du bei einem Sturz im Steigbügel hängen bleiben. Reitstiefel gibt es aus Gummi und Leder in den unterschiedlichsten Ausführungen und Preiskategorien.

Auch wenn sich heutzutage das Tragen von Stiefeletten und Mini-Chaps oder Chapsletten (das sind Beinschützer aus Leder oder Kunstleder, die um den Unterschenkel geschnallt werden) durchgesetzt hat, so empfehle ich nach wie vor das Tragen von Lederstiefeln, nicht nur zum Dressurreiten oder Springen. Ein gut an Deinem Bein sitzender Stiefel ermöglicht Dir einen engen Kontakt zum Pferd, was für Deine Hilfengebung wichtig ist.

Handschuhe (ab ca. € 5,-)

Auch Handschuhe gibt es in einer großen Auswahl – aus den unterschiedlichsten Materialien. Nicht nur beim Reiten, sondern z.B. auch beim Führen

Wer sich bei den Pferden aufhält, sollte stabile Schuhe tragen. Ich denke, es gibt keinen Reiter, dem nicht schon mal ein Pferd auf den Fuß getreten ist. Ich spreche da aus eigener Erfahrung und kann Dir sagen: »Es tut höllisch weh.« Einmal wollte ich nur rasch mein Pflegepferd Heiko und seinen Kumpel Max auf die Weide bringen. Ich war in Eile, da ich noch in die Mittagsschule musste. Feste Schuhe hatte ich natürlich keine an. Es kam, wie es kommen musste: Heiko machte einen kleinen Satz in meine Richtung und sprang mir auf den Fuß. Das End vom Lied war eine offene Wunde, die sogar genäht werden musste. Noch heute erinnert mich eine kleine Narbe an diese Verletzung. Von diesem Tag an standen extra Stallschuhe in meinem Spind.

Praxis **Tipp**

Gute Schutzwesten decken Rückgrat, Brustbein, Rippen und Schlüsselbein ab. Einfache Wirbelsäulenprotektoren bestehen aus schuppenförmigen Rippen, die über der gesamten Wirbelsäule liegen, wie auf dem Bild gut zu sehen ist.

schützen Handschuhe Deine Hände vor Abschürfungen und sorgen dafür, dass Dir Zügel und Führstrick nicht aus den Händen gleiten.

Sicherheitsweste (ab ca. € 30,-)

Eine Sicherheitsweste, die den Rücken des Reiters im Fall eines Sturzes schützt, ist eine gute Sache. Vor allem bei Kindern und Jugendlichen sieht man sie immer häufiger. Lass Dich beim Kauf auf jeden Fall gut beraten und Dir verschiedene Modelle zeigen. Eine Sicherheitsweste muss optimal passen und darf Dich beim Reiten nicht behindern.

Gerte (ab ca. € 10,-)

Eine Gerte kann nützlich sein, um die Kommunikation mit dem Pferd wieder zu verbessern, sie sollte aber nicht im ständigen Gebrauch des Reiters sein, um sein Pferd vorwärts zu reiten.

Es gibt Gerten in den unterschiedlichsten Ausführungen und Längen, fürs Dressur- und Springreiten oder für die Bodenarbeit. Du wirst über die Auswahl staunen. Eine Gerte brauchst Du Dir als Reitanfänger nicht zuzulegen. Dein Reitlehrer wird Dir sagen, wenn Du eine Gerte als unterstützende Hilfe einsetzen darfst.

Der Reitlehrer und die ersten Schritte

Der Reitlehrer

Eine ganz wichtige Vertrauensperson beim Reitenlernen ist Dein Reitlehrer.
Er sollte auf jeden Fall freundlich und hilfsbereit sein und all Deine Fragen
geduldig beantworten. Es gibt unterschiedliche Qualifikationen für Reitlehrer.
Hier ist der Ausbildungsberuf zum Pferdewirt mit unterschiedlichen Fachrich-
tungen zu nennen. Fachrichtungen können sein: Pferdehaltung und Service,
Pferdezucht, klassische Reitausbildung, Pferderennen (Rennreiten oder
Trabrennfahren), Spezialreitweisen (Westernreiten oder Gangreiten).
Für diesen Beruf, solltest Du Dich dafür interessieren, brauchst Du mindes-
tens den Hauptschulabschluss, bessere Chancen hast Du mit der mittleren
Reife. Die Ausbildung dauert drei Jahre. Den praktischen Teil absolvierst Du
in einem Betrieb, den theoretischen Teil in der Berufsschule. Ausbildungsbe-
triebe können Reiterhöfe, Reitvereine, Gestüte oder landwirtschaftliche
Betriebe sein.

In vielen Reitställen unterrichten auch Ausbilder mit so genannten Trainerli-
zenzen, z.B. Trainer C, B oder A. Sie haben sich über Seminare und Fortbil-
dungen weitergebildet und sind dadurch qualifiziert, Reitschüler auszubilden.
Neben dem passenden Reitlehrer, den Du magst und bei dem Du gerne
reitest, brauchst Du ein zu Dir passendes Schulpferd.

Das Lehrpferd

Das ideale Lehrpferd sollte freundlich, geduldig, arbeitsfreudig und vor allem
gut ausgebildet sein. Es sollte von der Größe zu Dir passen. Eine erste Reitstunde als kleines Mädchen auf einem Großpferd mit einem Stockmaß von
1,70 m zu erleben, ist meiner Meinung nach nicht sinnvoll. (Die Größe eines
Pferdes wird an seinem Widerrist gemessen.) Auf einem kleineren Pferd oder
Pony tust Du Dich sicher leichter.

An der Longe wirst Du viele unterschiedliche Übungen machen, damit Du bald ruhig und ausbalanciert im Sattel sitzt. Hier ein paar Beispiele: freihändig sitzen, Arme kreisen, Hände auf den Oberschenkeln ruhen lassen, Arme seitlich ausstrecken oder über den Kopf strecken, Windmühle mit den Armen machen, Fußspitzen mit den Fingern berühren, mit geschlossenen Augen reiten.

Als Anfänger beginnst Du an der Longe, dabei hat Dein Reitlehrer das Pferd an einer langen Leine. Die Longenstunde dauert meist 25 bis 30 Minuten, eine Gruppenstunde 45 bis 60 Minuten.
Sobald Du so sicher bist, dass Du alleine reiten kannst, wirst Du in eine Anfängergruppe kommen. Je mehr Du kannst, umso höher werden die Anforderungen in Deinen Reitstunden.

Die Reitstunden-Preise sind sehr unterschiedlich. Rechnen solltest Du mit 12 bis 25 Euro pro Stunde.

Bei Vereinen kommen meist noch eine einmal fällige Aufnahmegebühr und der Jahresbeitrag hinzu. Hier variieren die Gebühren von Verein zu Verein. Manche Reitschulen rechnen die Reitstunden auch über eine Monatspauschale ab.

Im Theorieunterricht kannst Du Dir erklären lassen, was Du in der Reitstunde nicht so gut verstanden hast.

Theorie ist wichtig

Wichtig ist, dass Dein Reitlehrer Dir alles gut erklärt. Auch regelmäßiger Theorieunterricht ist zu empfehlen. In der Reitstunde lassen sich nicht alle Fragen optimal beantworten, daher sind die Stunden ohne Pferde sinnvoll. Auf einem Holzpferd lassen sich vor allem Sitz und Hilfengebung gut erarbeiten.

Sicher ist sicher! Je mehr Du über das Verhalten von Pferden weißt und je sicherer Du beim Reiten wirst, umso weniger wird Dir passieren. Es kann schon sein, dass Du auch mal von Deinem Pferd fällst, aber das ist meist gar nicht so schlimm. Merke: Kein Reiten ohne Reithelm!

Schau, dass Du immer mindestens eine Dreiviertelstunde vor Deiner Reit-stunde im Stall bist, damit Du Dir alles in Ruhe zeigen lassen kannst. Ich hoffe, Du hast die Chance, das Pferd, auf dem Du Deine Reitstunde hast, auch selbst zu putzen und zu satteln oder nach einer Reitstunde zu versor-gen. Immer nur auf ein gesatteltes Pferd aufzusteigen und es nach der Stunde an den nächsten Reiter weiterzugeben, wird Dich, was den Umgang mit Pferden betrifft, nicht weiterbringen.

Ausrüstung für das Pferd

Jedes Pferd muss seinen eigenen Sattel, sein eigenes Zaumzeug und auch sein eigenes Putzzeug haben. Das ist ganz wichtig. Der Sattel muss dem Pferd optimal passen, nichts darf scheuern oder drücken. Wenn der Sattel drückt, wird das Gerittenwerden für das Pferd zur Qual und kann schlimmstenfalls zu gesundheitlichen Problemen führen. Stell Dir vor, Du müsstest einen 100-Meter-Lauf mit einem drückenden Rucksack auf dem Rücken bewältigen. Eine schlimme Vorstellung. Sättel werden am besten nur von Fachleuten ausgesucht. Der Pferdekörper verändert sich im Laufe der Zeit immer mal wieder, sei es in der Ausbildung beim Aufbau der Muskulatur oder wenn das Pferd älter wird und Muskelmasse verliert. Man kann nicht davon ausgehen, dass ein Sattel ein Pferdeleben lang passt. Alle Strippen, Riemen und Nähte eines Sattels sollten regelmäßig überprüft werden. Die Sattelunterlage muss sauber sein und darf nicht scheuern.

Auch bei der Trense muss jeder Riemen passen. Das Leder sollte gepflegt sein und keine Risse oder porösen Stellen haben. Dasselbe gilt auch für die Bügelriemen und den Sattelgurt. Die Einlagen in den Bügeln sollten regelmäßig ausgetauscht werden. Gepflegtes Sattelzeug macht einen guten Eindruck, aber es ist vor allem für Deine Sicherheit und die Sicherheit des Pferdes wichtig.

Der Blick in die Sattelkammer sagt viel über den Reitbetrieb aus. Sie ist sozusagen sein Aushängeschild. Sie sollte ordentlich aufgeräumt und sauber sein. Trensen, Sättel, Decken & Co. sollten alle ihren Platz haben. Vorbildlich ist es, wenn der Platz mit dem entsprechenden Pferdenamen beschriftet ist. So kommt alles immer wieder an die richtige Stelle.

In dieser Sattelkammer herrscht Ordnung. Sattel- und Trensenhalter sind mit dem Pferdenamen versehen, zu dem die Ausrüstung gehört. Jedes Pferd hat außerdem sein eigenes Putzzeug.

Sattelpflege ist wichtig und macht Spaß.

Pferde Wissen

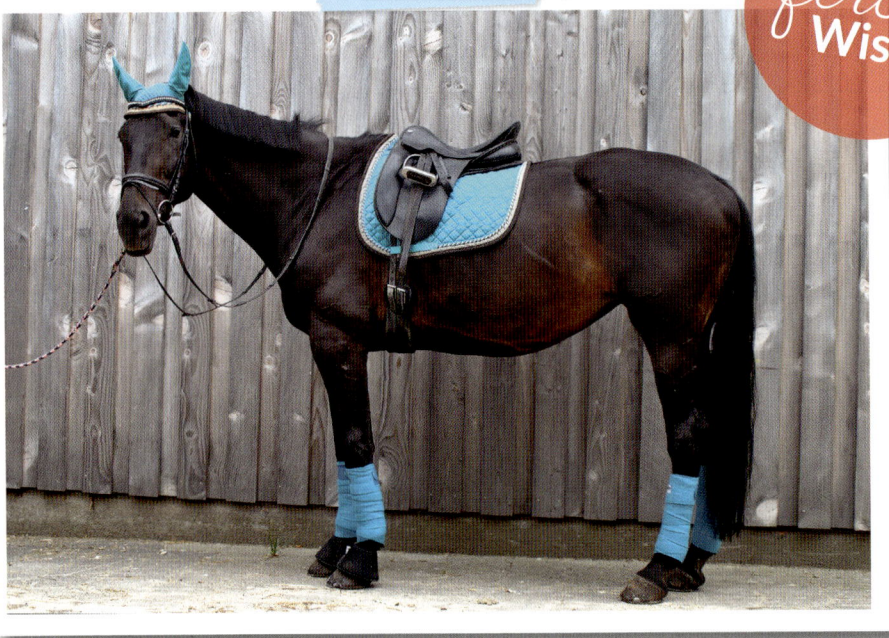

Pferde-Ausrüstung von A bis Z

• **Abschwitzdecke:** Eine Pferdedecke aus besonderem Mikrofaser-Material, die den Schweiß des Pferdes aufnimmt und an die Deckenoberseite leitet. Eine Abschwitzdecke wird dem Pferd nach dem Reiten aufgelegt und wieder abgenommen, sobald das Fell getrocknet ist. Im Sommer wird auf Abschwitzdecken meist verzichtet, denn da trocknen die Pferde problemlos von selbst.

• **Aufsteighilfe:** Schemel oder kleiner Tritt, der Dir das Aufsteigen leicht macht. Früher sah man dieses sinnvolle Hilfsmittel nur selten auf Reitanlagen, heute ist es Standard. Dabei steigst Du zunächst auf den Schemel und schwingst Dich von dort aus hinauf in den Sattel. Dein Pferd dankt es Dir, wenn Du zügig, sanft und ohne Gezerre aufsteigst.

• **Ausbinder:** Hilfszügel, die beidseitig vom Trensengebiss zum Sattelgurt verlaufen und gelegentlich beim Longieren oder im Anfängerunterricht eingesetzt werden. Es gibt unterschiedliche Arten von Ausbindern. Sie fixieren meist den Pferdekopf nur in einer bestimmten Haltung. Pferde sollten aber über den Rücken gehen, d.h. ihren Rücken aufwölben.

- **Bandagen:** Elastische Binden zum Schutz der empfindlichen Pferdebeine vor Verletzungen. Bandagen gibt es in den unterschiedlichsten Materialien und Farben. Häufig werden sie vom Reiter passend zur Satteldecke ausgewählt. Pferde werden auch bandagiert, wenn sie in einem Pferdeanhänger transportiert werden. Als besondere Polsterung werden dabei dicke Bandagierunterlagen um die Pferdebeine gelegt und die Bandagen dann drumherumgewickelt. Alternativ gibt es auch die so genannten Transportgamaschen.
- **Decke:** Die Auswahl an Pferdedecken ist groß. Es gibt Regendecken, Paddockdecken, Ausreitdecken, Fliegendecken, Winterdecken und einige andere mehr. Sie sind atmungsaktiv oder winddicht, je nachdem, was die Decke bewirken soll.
- **Fiegendecke:** Leichte Decke aus meist feinmaschigem Netzmaterial, das die Pferde vor Insekten und vor allem den lästigen Kriebelmücken schützt. Pferde sind sehr feinfühlig und spüren, wenn eine Fliege auf ihrem Rücken landet. Du siehst dann ein leichtes Hautzucken. Aktuell gibt es Decken mit »Zebra-Muster«, sie sollen die lästigen Plagegeister ganz besonders gut abhalten.
- **Fliegenschutz:** Um Insekten im Gesicht des Pferdes abzuwehren gibt es ebenfalls nützliches Zubehör. Beispielsweise Fransenstirnbänder, die mit Schnallen an der Trense oder am Halfter befestigt werden können. Außerdem gibt es Fliegenmasken in unterschiedlicher Ausführung aus engmaschigem Netzmaterial, die das Gesichtsfeld samt Pferdeohren schützen. Sie sehen zwar etwas gewöhnungsbedürftig aus, aber für viele Pferde garantieren sie entspannte Weidegänge.

Bandagen müssen korrekt angelegt werden, sonst schadet dieser Beinschutz dem Pferd mehr als er ihm nützt.

- **Fliegenohren:** Meist ein gehäkelter Kopfschutz mit Ohren aus Baumwolle. In den Sommermonaten dienen sie vor allem beim Reiten empfindlichen Pferden als Insektenschutz.
- **Führstrick oder Anbindestrick:** Etwa zwei Meter langer Strick aus Baumwolle oder Nylonmaterial mit Karabiner- oder Panikhaken. Wird zum Führen und Anbinden von Pferden am Halfter genutzt.
- **Gamaschen:** Stabiler Beinschutz, der meist mit Klettverschlüssen an den Pferdebeinen befestigt wird. Gamaschen schützen vor Verletzungen. Auch sie gibt es aus verschiedenen Materialien und in den unterschiedlichsten Ausführungen. Praktisch sind Gamaschen, an denen Reflektoren aufgenäht wurden. Reflektierende Ausrüstungsgegenstände stellen sicher, dass man bereits in der Dämmerung von Autofahrern gut gesehen wird.
- **Gebiss:** Dieser Begriff ist vielleicht etwas irreführend. Mit Gebiss sind Trensen und andere Zäumungen gemeint, die das Pferd im Maul trägt.
- **Halfter:** Kopfstück aus Nylonmaterial oder Leder. Ein Pferd trägt sein Halfter, wenn man es führen oder anbinden möchte. Die Auswahl an Halftern ist riesig. Es gibt sie in vielen Farben, mit Lammfell oder Kunstfell unterlegt, mit besonderen Schnallen oder Ziernähten – auch hier haben Pferdefreunde die Qual der Wahl.

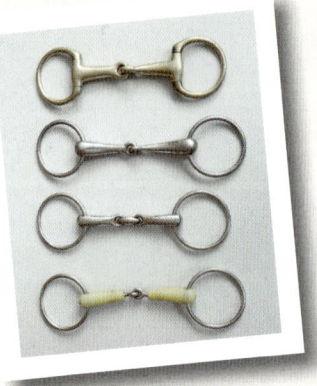

Von oben nach unten:
Olivenkopf-Wassertrense; Wassertrense;
Trainings- und Ausbildungsgebiss (doppelt
gebrochen); Wassertrense (Apfelgeschmack-
Gebiss)

Pferde Wissen

Von links nach rechts:
Dressursattel,
Vielseitigkeitssattel,
Springsattel

- **Longe:** Etwa acht Meter lange Leine, an deren Ende sich ein Karabiner-haken befindet. Longen werden meist aus Gurtmaterial hergestellt. Es gibt sie mit und ohne Lederstege oder Handschlaufe. Beim Longieren bewegt sich das Pferd in einem Kreis um den Ausbilder herum.
- **Longierpeitsche:** Ausrüstungsgegenstand zum Longieren. Die Longierpeit-sche besteht aus einem ca. 2 Meter langen Stock und einem meist ebenso langen Schlag aus Nylon oder Leder. Die Longierpeitsche wird zur Kommuni-kation mit dem Pferd eingesetzt. Sie wirkt treibend oder verwahrend.
- **Panikhaken:** Spezieller Sicherheitshaken an manchen Führstricken, der sich leicht öffnen lässt. Ein Panikhaken geht beispielsweise auch auf, wenn ein angebundenes Pferd stark am Haken ruckt. Das ist erwünscht, um die Verlet-zungsgefahr des Pferdes in einem Schreckmoment so gering wie möglich zu halten.
- **Reflektierendes Zubehör:** Es gibt eine große Auswahl an reflektierendem Zubehör, damit Pferd und Reiter im Dunkeln gut sichtbar sind: Blinklichter, Leuchtstreifen, Gamaschen, Reflex-Schweifschoner, Reflex-Schabracken, Reflex-Decken usw.
- **Reithalfter:** Teil des Zaumzeugs.
- **Sattel:** In der traditionellen Reitweise unterscheidet man Dressur-, Spring- und Vielseitigkeitssättel. Beim Dressursattel ist das Sattelblatt lang, gerade und ohne Pauschen, beim Springsattel ist das Sattelblatt im Vergleich recht

weit nach vorne geschnitten und mit dicken Pauschen versehen, die dem Reiterbein Stabilität geben. Beim Vielseitigkeitssattel sind die Pauschen nicht ganz so dick. Diese Sattelart eignet sich zum Dressur- und Springreiten sowie zum Reiten im Gelände.

- **Satteldecke:** Sie hat die ungefähre Form des Sattels und liegt unter ihm. Eine Satteldecke dient als leichtes Polster und schützt das Leder vor dem Schweiß des Pferdes.
- **Sattelgurt:** Er verläuft unter dem Pferdebauch hindurch und wird rechts und links am Sattel eingeschnallt. Er hält den Sattel am Pferd. Sattelgurte gibt es aus unterschiedlichen Materialien (Leder, Neopren, Polyester), dehnbar oder nicht, und in unterschiedlichen Längen, passend zum Sattel und zur Pferderasse. Bei Dressursätteln werden beispielsweise Kurzgurte gebraucht. Für empfindliche Pferdehaut gibt es z.B. Lammfell-Gurtschoner, die man über den Gurt zieht.
- **Sattelkissen:** Es gibt sie aus verschiedenen Materialien (Lammfell, Kunststoff, Gel). Sattelkissen werden gerne als »Stoßdämpfer« unter Sättel gelegt. Wichtig ist, dass der Sattel dem Pferd auch mit dem Kissen darunter gut passt.

Sattelgurte gibt es aus verschiedenen Materialien und in unterschiedlichen Längen.

• **Schabracke:** Rechteckig geformte Satteldecke. Sie ist deutlich größer als der Sattel. Es gibt sie in den verschiedensten Ausführungen, mit unterschiedlich dicker Wattierung, mit schnell trocknendem Untermaterial, der Möglichkeit, beispielsweise Gelkissen einzulegen usw.

• **Springglocke (Sprungglocke, Hufglocke)**: Sie wird um den Pferdehuf angebracht und schützt vor allem den empfindlichen Ballen vor Verletzungen. Manche Pferde treten sich gerne mit den Hinterbeinen in die vorderen Ballen. Das führt zu unangenehmen Verletzungen. Springpferde sind davon häufig betroffen.

• **Sporen:** Metallstifte in verschiedenen Größen, die oberhalb der Ferse am Reitstiefel befestigt werden. Sie unterstützen die Schenkelhilfen. Sporen gehören nicht in Anfängerhände.

• **Steigbügel:** Am Sattel befestigte Halterungen für die Füße des Reiters, meist aus Metall mit Gummieinlagen. Auch bei den Steigbügeln ist die Auswahl groß. Man bekommt sie in verschiedenen Farben, wenn man möchte aus Kunststoff oder in einer besonderen Sicherheits-Variante. Bei den Bügeln sollte man unbedingt auf gute Qualität achten und sie keinesfalls zu klein wählen. Bei einem Sturz kann man in einem zu kleinen Steigbügel leicht mit dem Fuß stecken bleiben. Das kann zu schweren Verletzungen führen.

• **Trense:** Aus mehreren Gliedern bestehender oder einteiliger Ausrüstungsgegenstand aus Metall oder Kunststoff, den das Pferd im Maul trägt. Von der Trense aus verlaufen die Zügel zur Hand des Reiters. Die Wassertrense ist die bekannteste Gebissart.

• **Zaumzeug:** Kopfstück für das Pferde-Training. Je nach Reitweise kann in das Zaumzeug eine Trense eingeschnallt werden; es gibt aber auch gebisslose Zäumungen wie beispielsweise Bosal, Hackamore, Lindel oder Sidepull.

• **Zügel:** Sie sind die Verbindung zwischen Reiterhänden und Pferdekopf. Es gibt Zügel aus Gurtmaterial, Kunststoff und Leder. Beim klassischen Reiten sind geschlossene Zügel üblich, das heißt, der rechte und der linke Zügel sind miteinander verbunden. Die Breite der Zügel liegt zwischen 2 und 2,5 cm. Schau Dir zum Vergleich mal die Zügel der Westernreiter an, sie sind deutlich länger und offen, man nennt sie Split Reins.

Vor dem Reiten

Die Pferdepflege

Ganz egal, ob Dein Pferd dreckverkrustet in der Box steht, weil es bis eben noch ein Matsch-Bad auf der Weide genossen hat, oder ob es nur ein wenig staubig ist: Vor dem Reiten ist ein ausgiebiges Wellness-Programm angesagt. Warum wir ein Pferd putzen, hat mehrere Gründe:

1. Um es von Staub und Schmutz zu befreien. Sattel, Trense oder Gamaschen kommen nur auf ein tipptopp sauberes Pferd. Sei da nicht nachlässig, denn sonst gibt es unter Umständen schmerzhafte Scheuerstellen.
2. Beim Putzen erhält das Pferd eine wohltuende Massage. Viele Pferde lieben es, wenn man sie gut durchbürstet, dabei wird ihre Durchblutung angeregt und kleinere Verspannungen lösen sich. 3. Pferdepflege ist eine wunderbare Möglichkeit, um mit dem felligen Freund vertraut zu werden. Du merkst recht schnell, an welchen Stellen er gerne gebürstet werden mag, und an welchen eher Vorsicht geboten ist. Unter dem Bauch oder an den Flanken sind Pferde oft kitzelig.

Das Putzzeug

Mit Putzzeug sind alle Bürsten gemeint, die man zur Pferdepflege benötigt. Die Auswahl an Striegeln, Kämmen & Co. ist riesig. Das sollte in keiner Putzbox fehlen: Gummistriegel, Plastik-Massagestriegel, Metallstriegel, Wurzelbürste, Kardätsche, Waschbürste für die Hufe, Kopfbürste, Bürste für Mähne und Schweif, Putzhandschuh, Schwämme, Hufkratzer.

Das ist für viele sicher nur die Grundausrüstung, das Sortiment hält etliche Bürsten mehr bereit, mit denen Du das Fell Deines Freundes so richtig zum Strahlen bringen kannst.

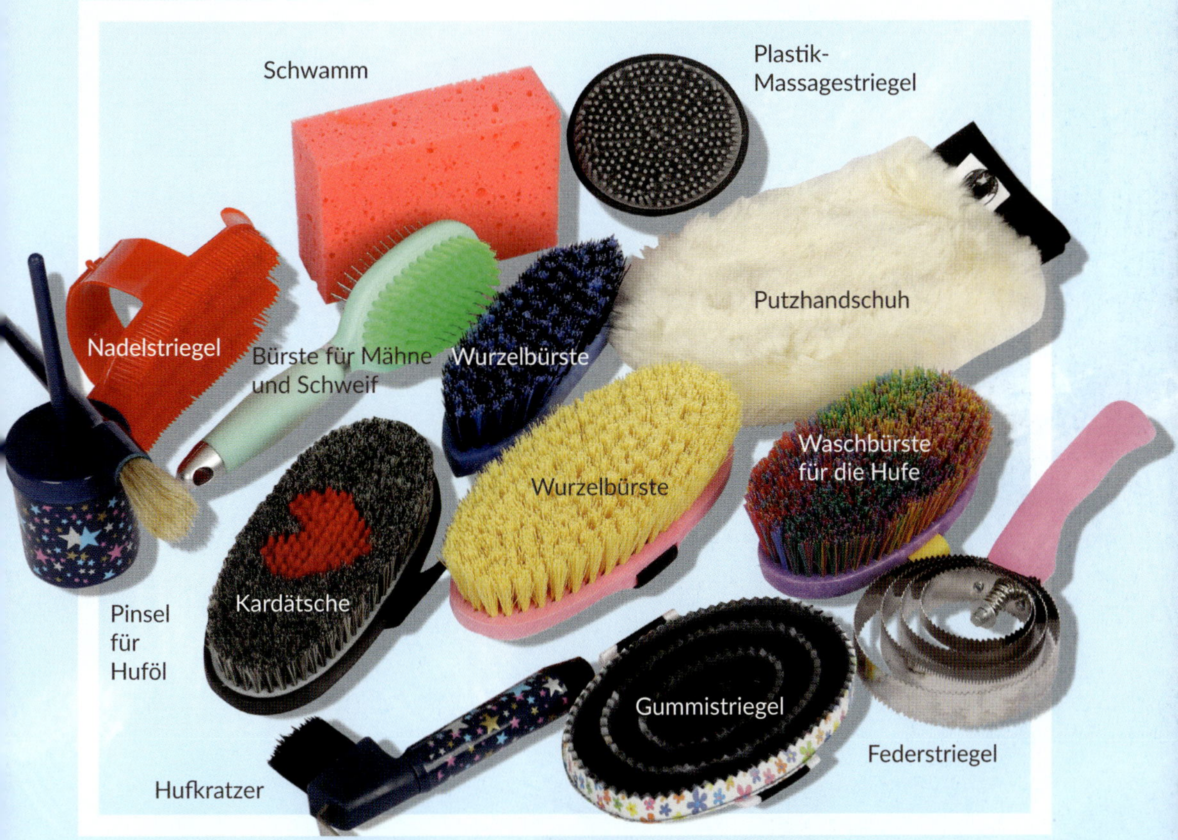

Schwamm

Plastik-Massagestriegel

Putzhandschuh

Nadelstriegel

Bürste für Mähne und Schweif

Wurzelbürste

Wurzelbürste

Waschbürste für die Hufe

Pinsel für Huföl

Kardätsche

Gummistriegel

Federstriegel

Hufkratzer

Beginne Deine Pferde-Massage am Hals, und arbeite Dich langsam über den Pferdekörper nach hinten. Die Sattellage solltest Du immer ganz besonders gründlich putzen.

Massage tut gut

Mit dem Striegel aus Plastik oder Gummi bekommst Du den groben Schmutz aus dem Fell. Hier kann auch ein so genannter Federstriegel recht praktisch sein. Matschkruste lässt sich prima damit entfernen.

Gestriegelt wird ein Pferd in kreisenden Bewegungen. Du beginnst am Hals, auf welcher Seite spielt keine Rolle. Dann gehst Du weiter zur Pferdeschulter, striegelst über Rücken und Bauch hin zur Kruppe. Du merkst recht schnell, wie stark Du dabei aufdrücken darfst. Es gibt Pferde, die mögen es etwas fester. Sie halten dagegen und schließen genüsslich die Augen, wenn Du ihnen den Hals kräftig massierst. Andere verspannen sich ganz furchtbar und Du spürst, wie unangenehm ihnen die Massage ist. Beobachte Dein Pferd. Wenn es sich entspannt, dann machst Du alles richtig.

Beim Putzen sammeln sich Staub, Haare und Dreck im Striegel, daher solltest Du ihn immer wieder am Boden ausklopfen. Zähl mal, wie viele Abdrücke Du am Ende Deiner Putzaktion in der Stallgasse hinterlässt.

Fellwechsel

Jedes Jahr im Frühjahr und im Herbst legen Pferde ihr neues Haarkleid an: im Winter tragen sie den dicken Mantel, im Sommer das luftige Kleidchen. Im Herbst fallen dem Pferd eher wenig Haare aus, im Frühjahr ersetzt es hingegen einen Großteil seines Fells, mit Ausnahme von Schweif, Mähne und natürlich den Tasthaaren. Da hast Du beim Putzen ganz schön was zu tun.

Die Pferdebeine putzt Du am besten mit einer Wurzelbürste. Mit ihr lässt sich auch angetrockneter Matsch gut entfernen. Geh dabei in die Hocke und bleib seitlich neben dem Pferd. Arbeite von oben nach unten. Auch der Fesselbehang und die Fesselbeuge müssen sorgfältig gesäubert werden.

Schmutz in der Fesselbeuge macht krank!
Als Mauke bezeichnet man wunde Stellen in der Fesselbeuge und am Ballen. Diese Erkrankung wird durch Feuchtigkeit und Schmutz verursacht. Gerade bei Pferden mit langem Fesselbehang muss man die Fesselbeuge immer kontrollieren und sauber und vor allem trocken halten, sonst drohen Entzündungen.

Praxis
Tipp

Damit Du Dein Pferd auf beiden Seiten putzen kannst, muss es herumtreten. Das lernt es in der Regel bereits in seiner Grundausbildung. Zum Rumgehen tippst Du es seitlich an der Hinterhand an und sagst: »Geh rum!« Sobald es sich bewegt, lobst Du es freundlich. Es macht wenig Sinn, das Pferd rumzuschieben, damit wirst Du scheitern. Denn Druck erzeugt Gegendruck, und Dein Pferd ist mit Sicherheit sehr viel stärker als Du.

Glänzendes Fell

Mit der Kardätsche entfernst Du den Staub aus dem Pferdefell. Beginne wieder am Pferdehals und bürste in langen Strichen in Richtung des Fellwuchses. Streif die Kardätsche immer wieder am Striegel ab, so hältst Du sie schön sauber. Klopf dann den Striegel auf dem Boden aus. Mach das so lange, bis das Fell am ganzen Pferdekörper schön glänzt.

Nicht jedes Pferd mag es, am Kopf gebürstet zu werden, geh deshalb hier ganz behutsam vor, und verwende nur eine ganz weiche Bürste oder einen Putzhandschuh.

Sauberer Putzplatz erwünscht!
Staub, Haare und Schmutz sind nach getaner Arbeit immer wegzufegen. Dafür stehen auch in Deinem Stall sicher Besen und Schaufel parat. Eine saubere Stallgasse und ein blitzeblanker Putzplatz erfreut alle.

Die Pferdeaugen werden nur mit einem sauberen feuchten Tuch oder einem Schwamm gereinigt. Sei hier ganz vorsichtig. Sollten die Nüstern verschmutzt sein, dann wisch Sie mit einem feuchten Schwamm sauber. Mit einem zweiten Schwamm sollte der After regelmäßig gereinigt werden.

Beim Kämmen des Schweifs musst Du ganz besonders aufpassen. Stell Dich seitlich neben die Hinterhand, und fang am unteren Schweifende zu kämmen an. Nimm die Schweifbürste in Deine rechte Hand. Mit Deiner linken Hand hältst Du den Schweif etwas über der Stelle fest, die Du durchkämmen möchtest. Bürste diesen Bereich dann durch. Geh anschließend mit Deiner linken Hand Stückchen für Stückchen nach oben in Richtung Schweifrübe, mit Deiner rechten Hand bürstest Du dann den jeweiligen Bereich durch. Eine Alternative ist das Verlesen des Schweifs von Hand. Dabei entwirrst Du Strähne für Strähne vorsichtig mit Deinen Fingern, siehe linkes Foto unten. Dafür solltest Du dann etwas mehr Zeit einplanen.

Achtung, es ziept!

Das Langhaar des Pferdes muss besonders vorsichtig gebürstet werden, denn Mähnen- und Schweifhaare wachsen nur sehr langsam nach. Die Mähne bürstest Du mit einer Wurzelbürste mit langen Borsten durch oder mit einer extra dafür geeigneten Schweif- und Mähnenbürste. Fang am Widerrist an und arbeite Dich dann hoch bis zum Pferdekopf. Wenn Mähnenhaare verknotet sind, entwirre sie mit Deinen Fingern. Sobald die Mähne locker fällt, ist der Schopf an der Reihe. Sei hier schön vorsichtig.

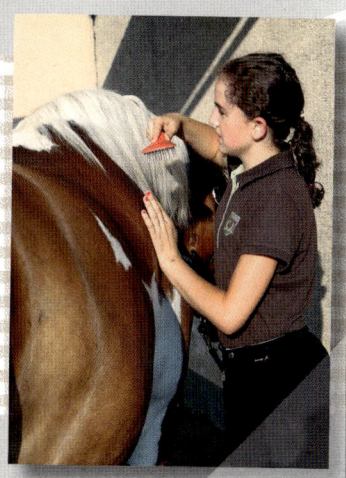

Die Hufpflege

Vor und nach dem Reiten müssen die Pferdehufe gründlich gesäubert werden.

Huf

Der Huf hat eine große Bedeutung für die Gesundheit des Pferdes. Er besteht aus elastischem Horn, muss das Gewicht des Pferdes tragen und jeden Stoß beim Gehen oder Springen abfedern. Viele Pferde werden beschlagen. Neben dem klassischen Eisenbeschlag gibt es auch Hufeisen aus Kunststoff sowie Hufschuhe, die dem Pferd nur während der Arbeit angelegt werden.

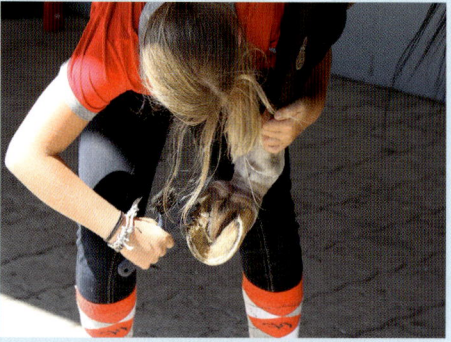

Beginn am linken Vorderbein. Stell Dich mit dem Rücken zum Pferdekopf neben Dein Pferd, und fahr mit der Hand am Bein entlang nach unten. Kurz über der Fessel sagst Du laut: »Gib Huf!« Halt den Huf mit Deiner Hand fest.

Beuge leicht Deine Knie, so kannst Du den Huf prima halten. In der anderen Hand hältst Du den Hufauskratzer bereit und säuberst vorsichtig die Sohle und den empfindlichen Hufstrahl. In den Strahlfurchen darf kein Schmutz mehr sein. Achte besonders auf Steinchen. Die meisten Hufkratzer haben eine praktische Bürste, mit der sich der lose Schmutz sehr gut entfernen lässt.

Achtung: Der Fuß wird nicht einfach losgelassen, sondern sanft auf dem Boden abgesetzt.

Huffett lässt die Hufe glänzen, mit diesem Pflegemittel solltest Du aber sehr sparsam umgehen.
Feuchtigkeit tut dem Hufhorn gut und hält es geschmeidig. Eine alte Weisheit sagt: »Die beste Hufpflege ist der morgendliche Tau auf der Weide.« Genauso gut kannst Du aber auch durchs Wasser reiten oder die Hufe mit Wasser abwaschen. Wenn Du die Hufe einfetten möchtest, dann solltest Du es nach dem Hufe-Waschen machen.

Eine Dusche gefällig?

Im Sommer kann man das Pferd auch abduschen. Wenn ein Pferd den Schlauch und das Abspritzen nicht kennt, muss man es langsam daran gewöhnen und darf es keinesfalls mit einer eiskalten Dusche überfallen. Möchtest Du das Pferd komplett abduschen, beginnst Du mit lauwarmem Wasser am Hals und gehst dann über den Pferdekörper drüber. Bei Pferden, die nach dem Reiten stark verschwitzt sind, ist es besser, an den Beinen zu beginnen und sich dann langsam hochzuarbeiten.

Im Sommer kann das Pferd nach jedem Ritt an den verschwitzten Stellen abgespritzt oder abgewaschen werden. Selbst im Winter kann man die Beine abduschen, es dürfen aber keine Minusgrade herrschen. Die Sattellage sollte im Winter nur dann abgewaschen werden, wenn das Pferd unter einer Decke trocknen kann.

Lucys gesunde Pferde-Leckerli

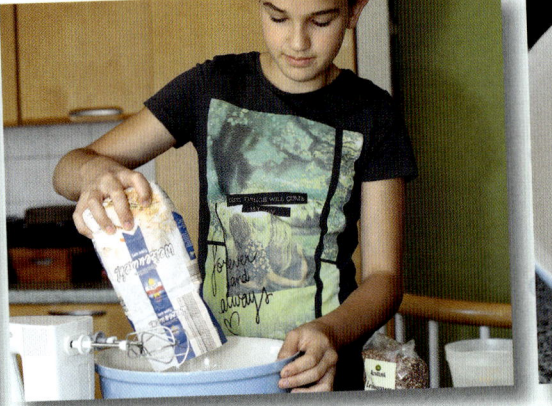

Lucy hat zwei verschiedene Rezepte ausprobiert – »Leckerlis mit Karotte« und »Husten-Leckerlis«. Diese Leckerbissen sind einfach herzustellen und schmecken den meisten Pferden sehr gut. Probier die Rezepte einfach mal aus.

»Leckerlis mit Karotte«

Zutaten
für 2–3 Backbleche
(je nach Größe der
Leckerlis)
750 g Mehl
75 g Leinsamen
100 g geraspelte
Karotte
ca. 450 ml sehr
warmes Wasser

Zubereitung
Vermische alle Zutaten zu einem Teig.
Rolle direkt aus dem noch warmen Teig etwa
1,5–2 cm dicke Würste.
Dann schneidest Du die Würste in etwa 2–3 cm
große Stücke und legst sie auf das Backblech.
Die Leckerlis kommen für 80 Minuten bei
170 Grad Ober- und Unterhitze auf die mittlere
Schiene des Backofens.
Nach dem Backen müssen die Leckerlis zwei
Tage austrocknen, dann kannst Du sie Dein
Lieblingspferd probieren lassen.

Du möchtest Deinem Lieblingspferd helfen, das von Husten geplagt wird? Hier erhältst Du ein Rezept, damit es ganz schnell wieder gesund wird. Du benötigst verschiedene Kräuter in kleinen Mengen, diese bekommst Du in der Apotheke.

»Husten-Leckerlis«

Zutaten
für 2–3 Backbleche (je nach Größe der Leckerlis)
750 g Mehl
75 g Leinsamen
20 g Spitzwegerichkraut
je 10 g Thymiankraut,
Fenchel- und Anissamen
ca. 450 ml sehr warmes Wasser

Zubereitung
Geh bei der Zubereitung genauso vor wie links.

Lucys Tipp

Solche Leckerlis lassen sich auch gut zu Weihnachten verschenken.

Buch-Tipp: Kaja Kreiselmeier: Naturheilkundliche Stallapotheke, Hausmittel & Co., Stuttgart 2013

Special zur Pferdegesundheit von Tierärztin Claudia Miller

Claudia Miller (**www.claudia-miller.de**) ist praktische Tierärztin und hat hier für Dich einige wichtige Erkrankungen bei Pferden zusammengestellt. Sie ist außerdem eine begeisterte Reiterin und arbeitet mit ihren Pferden nach den Konzepten des »Natural Horsemanship«. Claudia liebt die »Liberty-Arbeit« (Freiarbeit) mit ihrem Pferde-Trio, bestehend aus einem Shetty, einem Quarter Horse und einem Rheinländer.

Bevor wir über die häufigsten Erkrankungen des Pferdes sprechen, sollten wir zuerst überlegen, wie ein gesundes Pferd aussieht.
Wenn wir ein gesundes Pferd ansprechen, spitzt es die Ohren und schaut sich interessiert nach uns um. Es sieht uns munter aus klaren, strahlenden Augen an.

Sein Sommerfell ist gleichmäßig glatt und glänzend, das Winterfell länger und dichter. Weder im Sommer noch im Winter sollten haarlose Stellen oder verletzte Haut zu sehen sein. Mähne und Schweif wachsen gleichmäßig, je nach Rasse kräftig und lang oder fein und kürzer.
Das Pferd sollte weder zu dick noch zu dünn sein. Ein guter Anhaltspunkt sind die Rippen. Sie sollten nicht zu sehen sein, streicht man aber mit der Hand über die seitliche Brustwand des Pferdes, sollte man die Rippen leicht spüren können.

Die Hufe eines gesunden Pferdes sind gleichmäßig gewachsen ohne Risse oder herausgebrochene Stücke, das Hufhorn ist dunkelgrau, braun oder weiß, je nach Farbe des Pferdes. Läuft ein gesundes Pferd auf der Wiese oder im Paddock, so tritt es mit allen vier Beinen gleichmäßig kräftig auf, Kopf, Hals und Rücken schwingen locker mit. Im Stand, besonders wenn Pferde dösen, entlasten sie gerne ein Hinterbein. Dafür verfügen sie über eine spezielle Konstruktion im Knie, die es ihnen möglich macht, über Stunden bequem und fast ohne Muskelkraft zu stehen.

Ein gesundes Pferd hat eigentlich immer Hunger. Das liegt am Aufbau seines Verdauungssystems. Bevor der Mensch die Pferde zähmte und zu Haustieren machte, lebten sie in Herdenverbänden auf großen, kargen Steppen- und Prärielandschaften, wie Du am Anfang des Buches bereits lesen konntest. Da das Futterangebot nicht sehr üppig war und hauptsächlich aus trockenen Gräsern und Sträuchern bestand, mussten die Tiere täglich große Entfernungen von rund 20–25 km zurücklegen, um ausreichend Nahrung zu finden. Während ihrer Wanderung fraßen sie ständig kleine Mengen, insgesamt bis zu 20 Stunden täglich. Dafür brauchte das Pferd einen sehr großen Darm, in dem das aufgenommene Futter verwertet werden konnte. Den hat es bis heute.

Das beim Kauen grob zerkleinerte Gras wird hinuntergeschluckt und gelangt in den Magen, wo es mit der Magensäure vermischt wird und ihm Nährstoffe entzogen werden. Weiter geht es in den 20 m langen Dünndarm und von dort aus weiter in den großen Dickdarm, der in der Form von zwei Hufeisen im Bauch des Pferdes übereinander liegt. In Dünn- und Dickdarm werden weitere Nährstoffe aus der Nahrung für den Körper gewonnen; Flüssigkeit wird entzogen, bis der Verdauungsbrei am Ende zu geformten »Äppeln« verfestigt wird. Einen bedeutenden Teil des Platzes nimmt der Blinddarm ein. Hier werden mit Hilfe von bestimmten Bakterien die faserigen und holzigen Bestandteile von Gras, Heu und Stroh verarbeitet. Um den Verdauungsprozess in Gang zu halten, müssen immer kleine Mengen Futter nachkommen. Deshalb sollten Pferde nur in Ausnahmefällen länger als vier Stunden ohne Raufutter sein. Außerdem sind Raufutter (wie Heu) und Gras viel wichtiger als Kraftfutter, bestehend aus Getreide, das in größeren Mengen im Magen nicht verwertet werden kann und zu einer Übersäuerung des Magens führt.
Hier stelle ich Dir nun einige Haupterkrankungen unserer Pferde vor:

Verdauungstrakt

Kolik

Gipsy steht im Stall und mag nicht fressen, weder Heu noch Kraftfutter, also Hafer und Müsli, keine Möhren und auch kein Gras, was ihre Besitzerin für sie gepflückt hat. Sie geht in der Box hin und her, tritt sich unter den Bauch und legt sich immer wieder hin, versucht sich zu wälzen und steht dann wieder auf. Ihr Bauch wirkt aufgebläht und größer als sonst.

Als der Tierarzt kommt, um Gipsy zu untersuchen, betrachtet er zunächst ihre Schleimhäute, die etwas blass wirken. Als nächstes hört er Gipsy mit seinem Stethoskop ab. Das Herz, um die Herzfrequenz zu zählen, den Darm und auch die Lunge. Der Herzschlag ist etwas schneller als normal, was darauf hinweist, dass Gipsy Schmerzen hat. Beim Abhören der Lunge ist nichts Ungewöhnliches festzustellen, aber Darmgeräusche sind kaum zu hören. Gipsys Darm arbeitet nicht, sie hat eine Kolik.

Als Kolik bezeichnet man beim Pferd grundsätzlich Schmerzen im Bauchraum, einhergehend mit unzureichender oder falscher Darmtätigkeit. Koliken kommen beim Pferd aufgrund seines spezialisierten Verdauungstraktes häufig vor. Die Ursachen hierfür sind vielfältig: Plötzlicher Futterwechsel, wie beispielsweise das Fressen von großen Mengen frischem Gras beim Anweiden im Frühjahr, oder die Aufnahme von ungeeignetem Futter, beispielsweise frischem Brot. Wichtig: Brot darf nur getrocknet und knochenhart an Pferde verfüttert werden!

Auch Stress durch einen Stallwechsel oder die Teilnahme an Veranstaltungen kann eine Kolik verursachen. Ebenso können extreme Wetterbedingungen wie große Kälte oder schwül-heißes Klima ein Auslöser sein. Manchmal lässt sich auch gar keine klare Ursache ausmachen.

Eine Kolik kann in Form eines Darmkrampfes verlaufen, durch Aufgasen verschiedener Teile des Darms, das heißt durch zu viel Luft im Darm, die bei der Verdauung frei wird und nicht entweichen kann. Außerdem kann der Darm durch falsches Futter oder die Aufnahme von zu wenig Wasser verstopfen. In schlimmen Fällen kann der lange Darm sich im Bauch verdrehen oder eingeklemmt werden. Dabei handelt es sich um einen Notfall, da der abgeklemmte Darm nicht mehr durchblutet wird und absterben kann.

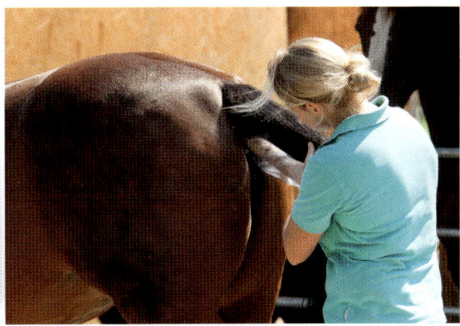

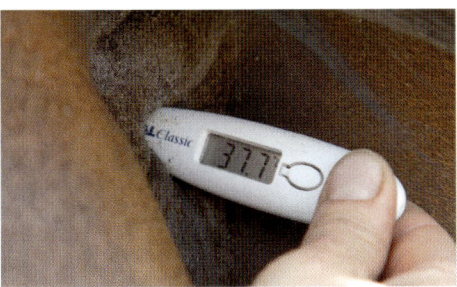

Gipsy bei der Kolikuntersuchung: Die Tierärztin beurteilt durch Abhören mit dem Stethoskop Darmgeräusche und Herzfrequenz. Nach dem Fiebermessen wird Gipsy rektalisiert. Das heißt, die Tierärztin greift mit ihrer Hand mit einem Handschuh ganz vorsichtig durch den Anus (After) in den Enddarm und untersucht den Darm.

Außerdem fließt der Futterbrei von der abgeklemmten Stelle an zurück nach vorne in den Magen. Da Pferde sich nicht übergeben können, birgt auch das eine große Gefahr, da der Magen immer voller und praller wird. Das Pferd hat extreme Schmerzen mit Schweißausbrüchen, will sich wälzen und ist kaum zu beruhigen. In so einem Fall muss das Pferd dringend in eine Tierklinik gebracht und operiert werden.

Um feststellen zu können, wie Gipsys Darm in der Bauchhöhle liegt, muss der Tierarzt sie rektalisieren. Das heißt, er greift mit seiner Hand mit einem Handschuh ganz vorsichtig durch den Anus (After) in den Enddarm. So kann er sanft ertasten, ob der Darm irgendwo verstopft, verdreht oder eingeklemmt ist. In Gipsys Fall hat sich zum Glück nur zu viel Gas angesammelt, das nicht entweichen kann und somit Bauchschmerzen verursacht. Die Stute bekommt ein Medikament gespritzt, das den verkrampften Bauch entspannt und das Gas entweichen lässt. Eine halbe Stunde später wirkt sie schon wieder viel munterer und hat auch wieder Appetit. Futter bekommt sie allerdings erst am nächsten Morgen wieder in ganz kleinen Portionen, damit der Verdauungstrakt sich erholen kann.

Durchfall

Der Kot der Pferde wird als »Pferdeäppel« oder »Pferdeäpfel« bezeichnet, da er wie einzelne Äpfel geformt ist. Ist die Verdauungstätigkeit gestört, so kann das zu Durchfall führen. Dann gleicht der Kot eher einem Kuhfladen und kann auch übel riechen.

Gründe für Durchfall können, ähnlich wie bei einer Kolik, Futterwechsel oder Stress sein. Viele Pferde bekommen Durchfall, wenn sie im Frühjahr die ersten Tage auf die grüne Wiese kommen, da der Verdauungstrakt sich erst auf das viele saftige Gras einstellen muss.

Eine andere häufige Ursache sind Würmer, die sich im Magen oder Darm der Pferde ansiedeln. Stark mit Würmern befallene Pferde sind häufig auch mager und haben struppiges Fell. Starker Wurmbefall kann außerdem zu gefährlichen Koliken führen. Deshalb ist das vorbeugende Behandeln der Pferde mit einer Wurmkur zwei- bis viermal im Jahr sehr wichtig.

Schlundverstopfung

Werden große Futtermittel wie ganze Möhren, Äpfel oder Brotstücke verfüttert und vom Pferd hastig hinuntergeschluckt, ohne zu kauen, so können diese in der Speiseröhre hängen bleiben. Ebenso kann das passieren mit Futter, das aufquillt, wie Pellets und nicht eingeweichten Rübenschnitzeln. Da die Pferde meist erst einmal weiterfressen, kann sich die gesamte Speiseröhre mit Futter zusetzen. Das kann im schlimmsten Fall dazu führen, dass das Pferd erstickt. Durch starkes Husten und Zusammenkrampfen des Halses versucht das Pferd, die Verstopfung zu lösen. Große Mengen Speichel kommen bei jedem Husten aus Maul und Nüstern.

Auch das ist ein Notfall, der sofort vom Tierarzt behandelt werden muss. Er spült mittels der so genannten Nasenschlundsonde, einem Schlauch, der über die Nüster durch die Speiseröhre bis in den Magen geht, das Futter aus der Speiseröhre, bis diese wieder komplett frei ist.
Unbedingt sollten anschließend auch die Zähne des betroffenen Pferdes kontrolliert werden. Hat ein Pferd Zahnschmerzen, so kaut es nicht mehr ordentlich und verschluckt schnell zu große Futterstückchen.

Atemwege

Akute Bronchitis

Die anderen Pferde stehen an der Heuraufe und knabbern am Heuballen, aber Kimi hat gar keinen Appetit. Ihre Nüstern sind verkrustet und etwas gelbliches Sekret läuft heraus. Schaut man genauer hin, sieht man, dass sich Kimis Bauch und Brustkorb recht schnell mit der Atmung bewegen. Der Bauer berichtet, dass er die kleine Shetty-Dame am Morgen beim Füttern habe husten hören. Als der Tierarzt kommt und sich das Pony anschaut, misst er zunächst die Körpertemperatur. Sie beträgt 39,8 °C. Kimi hat Fieber. Beim Abhören der Lunge ist ein deutliches Rauschen zu hören, was durch den Schleim entsteht, der in den Bronchien sitzt und sich mit jedem Atemzug auf und ab bewegt. Während der Untersuchung muss Kimi mehrmals kräftig husten.

Die Normalwerte beim Pferd
Puls: 28 bis 40 Schläge pro Minute
Atmung: 10 bis 14 Atemzüge pro Minute
Temperatur: 37,5 bis 38,0 °C

Kimi hat eine akute Bronchitis, sie hustet häufig und hat gelblichen Nasenausfluss. Die Tierärztin misst bei der Untersuchung ihre Körpertemperatur und hört mit dem Stethoskop Lunge und Bronchien ab.

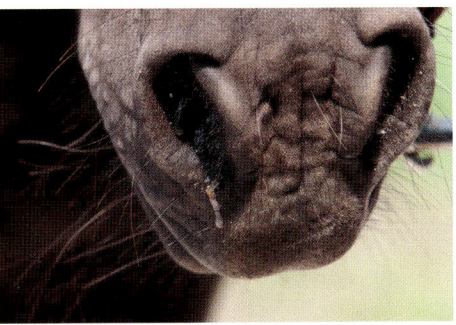

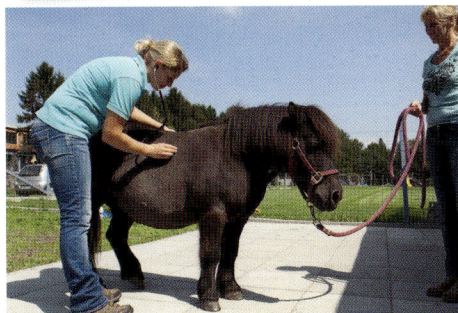

Viren und Bakterien haben eine akute eitrige Bronchitis verursacht. Da Pferde als Lauftiere eine sehr große und sensible Lunge haben, ist es besonders wichtig, dass ein solcher Atemwegsinfekt vollständig auskuriert wird. Das Wichtigste ist nun, dass das Fieber gesenkt wird. Außerdem muss Kimi für die nächsten zehn Tage Medikamente nehmen, die die Bakterien bekämpfen und den Schleim aus den Bronchien lösen. In dieser Zeit soll sie sich keinesfalls stark anstrengen, also nicht ihre Kutsche ziehen, sondern nur ruhig im Schritt spazieren gehen. Sich belasten darf sie wieder, sobald ihr Fieber auskuriert ist. Nach vierzehn Tagen wird der Tierarzt Kimi erneut untersuchen und hoffentlich feststellen können, dass die Bronchitis vollständig abgeklungen ist.

Chronische Bronchitis/Asthma

Viele Pferde husten immer wieder zu Beginn des Reitens oder morgens im Stall beim Füttern. Dabei sind sie allerdings nicht teilnahmslos, haben keinen Nasenausfluss und auch kein Fieber. Sie reagieren allergisch auf Staub oder Pollen aus ihrem Futter oder der Stallumgebung. Durch die Gabe von Medikamenten wird ihr Husten gelindert. Viel wichtiger ist jedoch, dass die Haltungsbedingungen optimiert werden: Das heißt so viel frische Luft wie möglich und gute Futterqualität. Als Einstreu sollte Späne statt Stroh verwendet werden, und das Heu sollte nass gemacht werden, um die Staubbelastung zu verringern. Außerdem ist tägliche Bewegung wichtig.

Haut

Verletzungen

Bei Verletzungen ist es wichtig zu unterscheiden, ob es sich um eine oberflächliche Schürf- oder Schnittwunde handelt, oder ob die Wunde in die Tiefe reicht, wo Muskeln oder sogar Sehnen, Gelenke und Knochen betroffen sind. Eine oberflächliche Verletzung, die nur leicht blutet, kaum verschmutzt ist und bei der der Bereich um die Wunde auch nicht geschwollen ist, kann in der Regel im Stall versorgt werden. Die Wunde sollte mit klarem Leitungswasser (z.B. aus dem Wasserschlauch) zunächst grob gereinigt werden. Anschließend kann man eine desinfizierende Flüssigkeit, beispielsweise

In einer Notfallapotheke dürfen Desinfektionsmittel, Verbandsmaterial und ein Fieberthermometer keinesfalls fehlen.

Jodlösung, zum Ausspülen verwenden. Zum Schluss sollte noch eine Wundsalbe aufgetragen werden. Der Heilungsverlauf muss unbedingt täglich kontrolliert werden, damit der Tierarzt gerufen werden kann, falls sich die Wunde trotz guter Versorgung infizieren sollte.

Tiefe Verletzungen wie stark blutende oder klaffende Wunden, Verletzungen im Bereich von Gelenken und Sehnen, starke Schwellungen oder Verletzungen im Bereich von Augen, Maul und Nüstern müssen von einem Tierarzt versorgt werden. Der Tierarzt reinigt und näht tiefe Wunden und legt einen Schutzverband an. Offene Verletzungen von Sehnen oder Gelenken oder Knochenbrüche müssen gegebenenfalls sogar operiert werden. Anders als beim Menschen können Knochenbrüche an den Beinen bei Pferden leider nur selten geheilt werden. Die Belastung eines gebrochenen Knochens ist selbst mit Gips bei dem großen Körpergewicht eines Großpferdes zu hoch.

Verletzungen können die verschiedensten Ursachen haben. Sie können entstehen bei Rangordnungskämpfen oder auch nur beim Spielen in der Herde. Schlechte Umzäunungen, herumliegende scharfe Gegenstände oder landwirtschaftliche Geräte sind Gefahrenquellen.

Ebenso können sich Pferde an in der Stallgasse herumstehenden Gegenständen, wie Mistgabeln und Schaufeln, verletzen oder sich in herumliegenden Halftern, Trensen und Stricken verfangen. Deshalb ist jeder, der im Stall mit den Pferden umgeht, mit dafür verantwortlich, dass Ordnung gehalten wird!

Haarlose Stellen und aufgescheuerte Bereiche am Körper des Pferdes können in den verschiedensten Varianten und mit unterschiedlicher Verteilung und Ausprägung vorkommen. Häufige Ursachen und Krankheitsbilder sind:

Sommerekzem

Häufig sind davon so genannte Robustpferde betroffen, also Ponys und Kleinpferde mit dichtem Fell und starkem Behang von Mähne und Schweif. Meist kommen sie ursprünglich aus kargen Gegenden mit kaltem Klima, wie etwa Shetlandponys und Isländer. In unserer Region haben sie Schwierigkeiten, sich an die deutlich wärmeren Temperaturen und das übermäßige Futterangebot zu gewöhnen, und entwickeln oft Allergien. Die Stiche von Kriebelmücken und anderen Insekten rufen einen starken Juckreiz hervor, sodass betroffene Ponys keine Gelegenheit zum Schubbern auslassen; egal, ob der Baum oder Zaun auf der Weide, Stalltüren und Wände oder etwa der Wasserwagen. Nicht selten ist der Juckreiz so groß, dass Mähne und Schweif komplett abgescheuert werden. Auch wenn die Haut zu bluten beginnt, hört der Reiz nicht auf.

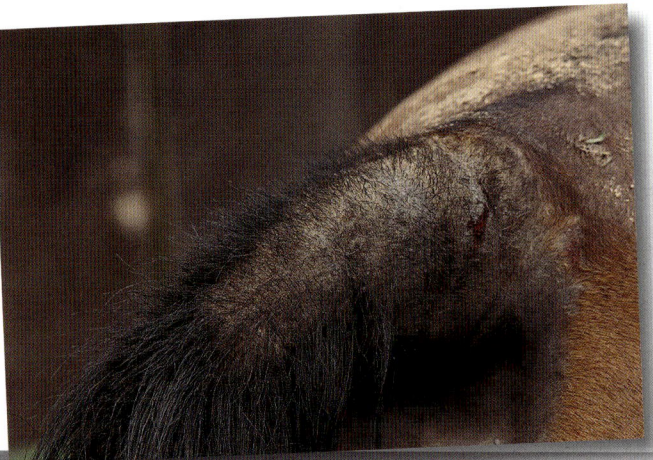

Der wund gescheuerte Schweif eines Ponys mit Sommerekzem.

Da es sich dabei in den meisten Fällen um eine Allergie handelt, ist es selten möglich, das Sommerekzem wirklich zu heilen. Umso wichtiger ist es, betroffene Pferde weitestgehend vor den blutrünstigen Insekten zu schützen. So genannte Ekzemerdecken verhindern, dass die Kriebelmücken stechen können. Außerdem kann es helfen, die Pferde nachts auf die Weide zu lassen. Am Tag und in der Dämmerung, wenn die Insekten am aktivsten sind, lässt man sie am besten im Stall. Unerlässlich ist auch die tägliche Pflege der gereizten Haut mit lindernden Salben und Lotionen.

Parasiten

Parasiten wie Milben und Haarlinge können ebenfalls Juckreiz hervorrufen. Sie fühlen sich in den Herbst- und Wintermonaten besonders wohl in dichtem, langem Fell. Die befallenen Stellen sind meist schuppig, und die Haare sehen wie »abgefressen« aus. Blutende Verletzungen der Haut verursachen sie in der Regel eher nicht.
Im Gegensatz zum Sommerekzem ist der Befall mit Milben oder Haarlingen ansteckend. Es ist also sehr wichtig, dass betroffene Pferde ihr eigenes Putz- und Sattelzeug haben. Es sollten keine Halfter, Trensen und Decken unter den Pferden ausgetauscht werden!

Mit dem bloßen Auge kann man diese kleinen »Untermieter« nur selten gut erkennen. Am besten gelingt ihr Nachweis durch den Tierarzt unter dem Mikroskop. Zur Behandlung werden die Pferde mehrmals wöchentlich mit speziellen Mitteln eingerieben oder gewaschen.

So sieht sein Fell aus, wenn ein Pferd von Haarlingen befallen ist.

Hautpilz

Typisch für eine Hautpilzerkrankung ist der kreisrunde Haarausfall. Häufig beginnt er an einer Körperstelle, z.B. in der Nähe des Mauls, und breitet sich dann weiter über die Hautoberfläche aus. Die runden haarlosen Stellen können schuppig, borkig oder sogar leicht nässend sein. Juckreiz rufen sie jedoch seltener hervor.
Die Infektion mit einem Hautpilz ist ebenfalls ansteckend. Also auch hier darf das Putz- und Sattelzeug keinesfalls getauscht werden. Nach dem Umgang mit betroffenen Tieren müssen die Hände gewaschen werden!

Um einen Hautpilz sicher festzustellen, muss eine Probe von einer betroffenen Stelle genommen und im Labor unter genau festgelegten Bedingungen angezüchtet werden. Zur Behandlung werden spezielle Salben und Waschlotionen verwendet.

Mauke

Mauke ist ein Oberbegriff für Entzündungen der Haut im Bereich der Fesselbeuge, also im hinteren Bereich des Beins, zwischen Huf und dem ersten großen Gelenk, dem Fesselgelenk. Zu Beginn finden sich kleine Krüstchen auf der Haut, die im weiteren Verlauf zu dicken Borken werden, die fest mit der Haut verbunden sind. Die Haut ist stark gerötet und platzt teilweise auf,

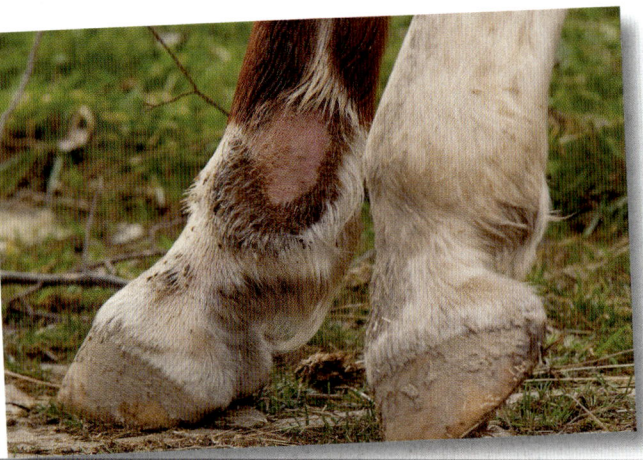

Stark entzündete Haut am Fesselgelenk eines Pferds mit Mauke.

nässt und kann bluten. Bleibt die Mauke unbehandelt, kommt es zu Schwellungen der Beine und zu offenen Wunden. Die häufigste Ursache dafür ist mangelnde Hygiene. Werden die Pferde im Winter auf unbefestigten Paddocks gehalten, so stehen sie über Stunden im tiefen Matsch, der die Haut stark reizt. Hinzu kommen Bakterien aus den Äppeln und dem Urin der Pferde, wenn die Paddocks nicht ausreichend sauber gemacht werden. Die Bakterien dringen in die gereizte Haut ein und rufen die schmerzenden Entzündungen hervor. Auch unzureichend gemistete, nasse Pferdeboxen bieten den Bakterien optimale Wachstumsbedingungen.

Das Wichtigste für die Behandlung sind trockene und saubere Haltungsbedingungen. Außerdem sind die betroffenen Beine mit Kernseife oder einer desinfizierenden Seife zu waschen. Lässt man die Seife einwirken, so weichen die Krusten auf, und man kann sie vorsichtig ablösen. Anschließend sind die Beine mit einem sauberen Tuch abzutrocknen, und eine lindernde Salbe muss aufgetragen werden. In schlimmen Fällen braucht das Pferd Hilfe vom Tierarzt, der ihm zusätzlich entzündungshemmende Medikamente verabreicht.

Augen

Sind die Augen des Pferdes gesund, so sind sie weit geöffnet und glänzen. Tränende Augen sind schon ein Hinweis auf eine Reizung. Meist kann man auch eine leichte Rötung sehen und eventuell etwas schleimiges Sekret, das in den Augenwinkeln klebt. Das sind die Symptome einer Bindehautentzündung.
Sie kann hervorgerufen werden durch starken Wind, besonders im Frühjahr und im Herbst, oder durch Fliegen, die sich an die Augen setzen. Erst sitzen sie auf dem Misthaufen oder auf verschimmeltem Obst, wo Dreck und Keime an ihren Mundwerkzeugen kleben bleiben, und anschließend sitzen sie am Pferdeauge, wo die Keime Entzündungen verursachen.
Einen guten Schutz gegen Wind und Fliegen geben Fliegenmasken. Die Masken sind aus einem Netzmaterial, durch das die Pferde hindurchschauen können, wie durch eine Gardine. Das Netz bricht den Wind und verhindert, dass Fliegen an die Augen kommen.

Fliegenmasken schützen die empfindlichen Pferdeaugen vor Fliegen, Sonne und Wind. Das linke Foto wurde durch eine Fliegenmaske aufgenommen. So sieht das Pferd also durch das Netz.

Ist ein Auge zugeschwollen oder kneift das Pferd das Auge zu, muss ein Tierarzt das Pferd untersuchen. Es kann sein, dass die Hornhaut, also die äußerste Schicht des Auges, verletzt ist. Eine solche Hornhautverletzung verursacht starke Schmerzen, zu vergleichen mit dem Schmerz, den man spürt, wenn man ein Sandkorn im Auge hat. Anderenfalls könnte das Auge im Inneren entzündet sein. Eine sich wiederholende Entzündung des Augeninneren bezeichnet man als periodische Augenentzündung. Sie ist für das Pferd sehr schmerzhaft und führt, wenn sie nicht behandelt wird, auf Dauer zu seinem Erblinden. Der Tierarzt wird dem Pferd Augensalben und schmerzlindernde Medikamente verabreichen.

Hat ein Pferd eine starke Augenentzündung, unabhängig aus welchem Grund, darf es bis zum Abklingen der Erkrankung nicht geritten werden.

Lahmheit

Geht ein Pferd lahm, das heißt, humpelt es auf einem oder mehreren Beinen, so kann das unterschiedliche Ursachen haben. Im günstigsten Fall hat es sich lediglich einen dicken Stein in den Huf eingetreten, der nun bei jedem Schritt drückt. Dieser kann beim Auskratzen des Hufs leicht entfernt werden. Deshalb ist das Hufeauskratzen vor und nach jedem Ritt so wichtig.

Hufgeschwür

Samson und Kachina stehen zusammen in einem Stall und gehen beide lahm. Samson mit dem rechten Vorderbein, Kachina mit dem rechten Hinterbein. Samsons Lahmheit ist nur im Trab zu sehen, während Kachina schon im Schritt kaum auftreten möchte und auch im Stand ihr Hinterbein entlastet. Beim Aufheben und Auskratzen der Hufe ist bei keinem der beiden etwas festzustellen. Auch Verletzungen oder vermehrte Wärme sind weder zu sehen noch zu fühlen.

Fühlt man auf Höhe des Fesselgelenks an Kachinas Arterie, der Ader, die das Blut vom Herzen zum Huf leitet, so spürt man eine deutliche Pulsation. Die Pulsation ist zu vergleichen mit dem pochenden Gefühl im Daumen, wenn man sich mit dem Hammer auf den Daumennagel gehauen hat. Diese Pulsation gibt den Hinweis, dass der Schmerz aus dem Bereich des Hufs kommt.
Bei der Untersuchung des Hufs mit der Hufzange wird Druck auf die einzelnen Bereiche des Hufs ausgeübt. Kommt der Tierarzt an die schmerzende Stelle, so wird das Pferd den Huf wegziehen. Kachina zeigt eine deutliche Schmerzreaktion beim Abdrücken des Hufs im Bereich der Eckstrebe, dem hinteren, äußeren Ende des Hufs. Beim Nachschneiden mit dem Hufmesser findet sich zunächst schwarzes, zersetztes, unangenehm riechendes Horn, und schließlich fließen ein paar Tropfen eitrige Flüssigkeit ab. Kachina hat ein Hufgeschwür.

Bei einem Hufgeschwür fühlt man vermehrte Pulsation auf Höhe des Fesselgelenks. Das Pferd zeigt in der Regel zudem eine Schmerzreaktion beim Abdrücken des Hufs mit der Hufzange.

So wird ein Hufverband oder Angussverband angelegt. Wichtig ist, den Huf gut abzupolstern. Der Verband darf nirgends drücken und muss täglich kontrolliert werden. Er wird mit einer Desinfektionslösung »angegossen«. So kann die Entzündung heilen.

Ein Hufgeschwür entsteht aus Dreck und kleinen Steinchen, die sich entlang der Hufwand im Huf nach oben schieben. Meist sind dabei auch Fäulnis-Bakterien beteiligt. Das Hufhorn ist so wenig elastisch, dass es nicht nachgibt und schließlich die Steinchen und der Dreck auf die empfindliche Hufleder-haut im Inneren des Hufes drücken. Das kann erhebliche Schmerzen verursa-chen. Das Geschehen ist zu vergleichen mit einem Splitter unter dem Finger-nagel, nur dass das Pferd auch noch darauf stehen muss!

Nachdem das Hufgeschwür eröffnet und damit der erste Druck gelindert worden ist, bekommt Kachina einen Hufverband angelegt. Dieser wird mit einer desinfizierenden Flüssigkeit angegossen, damit der Huf weich wird und sich weiterer Dreck lösen kann. Mit dem Verband kann sie sogar in die Herde zurück. Nach ein paar Tagen kann er abgenommen werden, und Kachina ist wieder einsatzbereit.

Sehnen- und Gelenkerkrankungen

Fühlt man an Samsons Fesselgelenk, so spürt man keine Pulsation. Auch auf den Druck mit der Hufuntersuchungs-Zange reagiert er nicht. Nachdem der Tierarzt Samsons Bein abgetastet hat, macht er eine Beugeprobe, woraufhin Samson für einige Schritte noch stärker lahm geht. Bei der Beugeprobe wird das Bein mit vermehrter Kraft für eine Minute angebeugt. Kommt der Schmerz aus einem Gelenk oder von einer Sehne, so wird er durch das starke und lange Anwinkeln noch verstärkt. Das gibt dem Tierarzt einen Anhalts-punkt für die Ursache der Lahmheit.

Auf den Röntgenbildern, die der Tierarzt von Samsons Vorderbein macht, sind seine Knochen zu sehen. Zum Glück hat Samson trotz seiner 16 Jahre noch glatte, gesunde Knochen. Denn kantige Zubildungen an den Knochen würden in den Gelenken aufeinanderreiben und eventuell dauerhaft Schmerzen verursachen. Solche Veränderungen in den Gelenken werden als Arthrose bezeichnet und können meistens nicht geheilt werden.
Mit dem Ultraschall werden Samsons Sehnen, Bänder und Gelenkkapseln untersucht. Eine Sehne im Bereich des Fesselgelenks ist mehr als doppelt so dick, wie sie sein sollte. Samson hat eine Sehnenentzündung. Anders als Kachina wird er leider nicht in ein paar Tagen wieder gesund sein. Sehnenge-webe braucht lange zum Heilen, sodass Samson die nächsten sechs bis acht Wochen nur kurz im Schritt spazieren gehen darf.

Die Tierärztin beurteilt Samsons Gangbild beim Vortraben, führt eine Beugeprobe durch und röngt das Bein. Anschließend legt sie einen Verband zum Stützen des Beines an.

 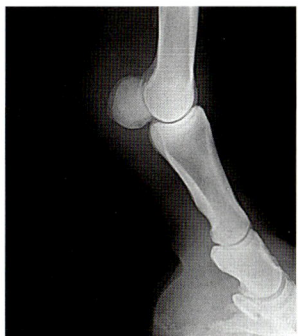 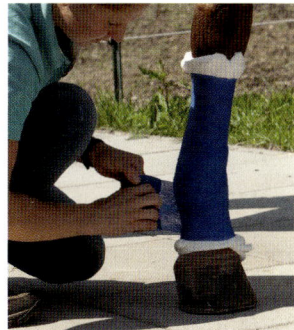

Hufrehe

Eine weitere häufige Lahmheitsursache, besonders bei übergewichtigen Ponys, ist die Hufrehe. Urmel ist eine Shetlandpony-Stute. Eines Morgens mag sie nicht mehr mit in den Stall kommen. Sie lässt sich am Strick kaum hinterherziehen, jeder Schritt bereitet ihr Schmerzen. Will man sie um die Kurve führen, verschiebt sie ihr ganzes Gewicht auf ihre Hinterbeine, um ihre Vorderhufe zu entlasten, und schafft es trotzdem kaum zu wenden. Endlich im Stall angekommen, möchte sie am liebsten nur liegen. Sie hat vor Schmerzen auch kaum noch Appetit.

Durch die Schlitze im Maulkorb der »Fressbremse« kann Urmel nur eine geringere Menge Gras fressen und muss dadurch nicht auf den Weidegang verzichten.

Durch das viele Gras auf der Wiese ist Urmels Darmflora aus dem Gleichgewicht geraten. Aus dem Darm sind große Mengen Giftstoffe in die Blutbahn gelangt. Über die Blutbahn sind sie bis in die kleinsten Adern, die Kapillaren, in die Hufe gelangt und haben sich dort abgelagert. Dort rufen sie eine starke Entzündung hervor. Wird Urmel nicht sofort tierärztlich behandelt, kann diese Entzündung dazu führen, dass sich die Verbindung zwischen Hufbein, den Knochen des Hufs, und dem Huf selber löst. Im schlimmsten Fall könnte Urmel damit ihre Hufe verlieren. Man spricht hier vom Ausschuhen, was ihr Todesurteil wäre.

Urmel bekommt Verbände, die ihre Hufe weich polstern, und Medikamente gegen die Entzündung und ihre Schmerzen. Am wichtigsten ist jedoch, dass sie ab sofort so lange kein frisches Gras zu fressen bekommt, bis die Erkrankung komplett ausgeheilt ist. Das kann einige Wochen bis Monate dauern. Damit Urmel nicht noch einmal an einer Hufrehe erkrankt, geht sie im nächsten Sommer mit einer »Fressbremse« mit ihrer Herde auf die Wiese. Außerdem wird sie viel bewegt. Durch die »Fressbremse« wird die Menge an Gras, die sie fressen kann, deutlich begrenzt, und sie kann trotzdem mit ihren Kumpels raus an die frische Luft.

Auf geht's zur Reitstunde

Vor der Reitstunde

Bevor es in die Reitbahn geht, musst Du das Pferd für die Reitstunde fertigmachen. Du musst es putzen, satteln und auftrensen. Lass uns das nun Schritt für Schritt angehen.

Aufhalftern, so geht's

Mach die Boxentüre auf und sprich das Pferd freundlich an. Warte, bis es Dich anschaut. Das Anlegen des Halfters ist das Erste, was Du nun machst. Geh mit dem Halfter in die Box hinein.

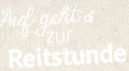

Praxis
Tipp

In seiner Box und auf der Weide trägt ein Pferd kein Halfter. Das wird aus Sicherheitsgründen so gemacht, da es sich verletzen könnte, wenn es irgendwo hängen bleibt. Vor allem auf der Weide droht Gefahr. Das Pferd kann sich am Zaun, an Bäumen oder auch beim Spielen mit Artgenossen leicht verhaken und sich dann wehtun.

Stell Dich links neben das Pferd. Halte das Halfter an beiden Backenstücken fest und führe es zur Pferdenase. Schieb ihm jetzt den Nasenriemen über die Nase, zieh das Halfter nach oben und streif das Genickstück über die Ohren. Pass gut auf, dass Du die empfindlichen Ohren dabei nicht einklemmst. Du kannst das Genickstück auch öffnen, es dem Pferd vorsichtig über das Genick legen und wieder schließen.

Nun musst Du noch den Kehlriemen mit dem Karabinerhaken zumachen. Mit der Zeit wirst Du erkennen, wie ein Halfter sitzen muss. Der Nasenriemen sollte etwa zwei Fingerbreit unter dem Jochbein liegen, und die Backenstücke müssen deutlich hinter den Augen sein. Das Halfter darf nicht zu locker sitzen, sonst kann das Pferd leicht rausschlüpfen.

Auf geht's zum Putzplatz

Bevor Du das Pferd aus der Box führst, musst Du noch einen Führstrick am Halfter anbringen. Hake ihn in den mittleren Ring unter dem Kinn ein. In der Regel ist an Deinem Führstrick ein so genannter Panikhaken befestigt. Warum ist solch ein Panikhaken sinnvoll? Sollte sich Dein am Putzplatz angebundenes Pferd beispielsweise einmal erschrecken und große Angst bekommen, dann will es nur noch auf und davon. Es wird sich mit all seiner Kraft gegen den Strick stemmen. In solch einer Situation kann der Panikhaken schlimme Unfälle vermeiden, da er sich mit einem Ruck öffnen lässt. Pferde, die in

Panik geraten, entwickeln große Kräfte, da ist leicht ein Balken aus der Wand gerissen.

Nun kannst Du das Pferd zum Putzplatz führen. Wie schon vorher gelesen, stehst Du beim Führen links neben Deinem Pferd. Mit Deiner rechten Hand hältst Du den Strick ungefähr 20–30 Zentimeter unterhalb des Pferdekopfes, das andere Ende des Stricks hältst Du in Deiner linken Hand.

Beim Thema Bodenarbeit hast Du schon etwas über die verschiedenen Führpositionen gehört. Viele Reiter gehen beim Führen etwa auf Höhe der Pferdeschulter neben dem Pferd. Ich halte die Position neben dem Pferdekopf für die bessere, da Du durch Positionswechsel – vor den Kopf, um das Pferd zu bremsen, hinter den Kopf, um es anzutreiben – gut auf es einwirken kannst. Zupfe ganz leicht am Führstrick und sag freundlich »Komm!«. Um das Pferd anzuhalten, zupfst Du wieder ganz leicht am Führstrick, sagst »Haalt!« und bleibst selbst stehen.

Wickele nie den Führstrick oder die Zügel um Deine Hand! Sollte das Pferd einmal erschrecken und dabei wegspringen oder losstürmen, bekommst Du Deine Finger womöglich nicht schnell genug aus der Schlinge. Da ist leicht ein Finger gebrochen. Im schlimmsten Fall zieht Dich Dein Pferd sogar auf seiner Flucht hinter sich her.

Angebunden wird das Pferd mit einem so genannten Sicherheitsknoten an einem extra dafür an der Wand in der Stallgasse oder an einem separaten Putzplatz angebrachten Anbindering.

Mit dieser Art Knoten kannst Du Dein Pferd schnell wieder losbinden. Einen Knoten wie beim Schuhebinden würdest Du nicht wieder aufbekommen, wenn Dein Pferd einmal stark am Strick gezerrt hat. Es gibt verschiedene Möglichkeiten, diesen Knoten zu binden, das ist eine davon:

Zieh den Strick einmal durch den Anbindering. Bevor Du mit dem Knoten beginnst, solltest Du festlegen, wie lang Du Dein Pferd anbinden möchtest. Leg den losen Teil des Stricks knapp unter dem Anbindering in eine Schlaufe und führe diese unter dem Teil des Stricks durch, der mit dem Halfter verbunden ist.

Zieh diese Schlaufe nun durch die automatisch entstandene Schlaufe am Ring, sodass eine neue Schlaufe entsteht.

Wiederhol diesen Vorgang einige Male. Steck dann das Strickende durch die letzte Schlaufe. Achtung: nicht festziehen. Das soll nur verhindern, dass der Knoten von unten aufgeht.

Mit dem Sicherheitsknoten kannst Du Dein Pferd schnell befreien, sollte es in Panik geraten. Denk daran, das Strickende rasch wieder aus der letzten Schlaufe zu ziehen. Ruckst Du nun am Strick, öffnet sich Schlaufe um Schlaufe und das Pferd ist frei.

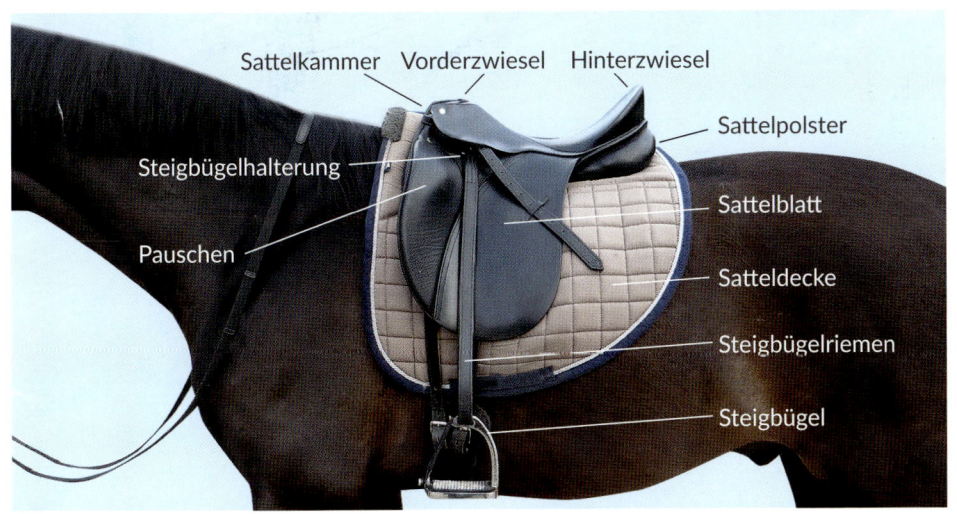

Sattelkammer   Vorderzwiesel   Hinterzwiesel

Sattelpolster

Steigbügelhalterung

Sattelblatt

Pauschen

Satteldecke

Steigbügelriemen

Steigbügel

Dressur-, Spring-, Vielseitigkeits-, Western-, Wander-, Renn-, Distanz- oder Töltsattel, Sattelarten gibt es eine ganze Menge. Die Innenkonstruktion eines Sattels, der so genannte Sattelbaum, wird aus Holz, Kunststoff, Stahl oder Aluminium gefertigt. Sättel werden meist aus Leder gefertigt, es gibt aber auch welche aus synthetischem Material.

So sattelst Du

Halte den Sattel so, dass Deine linke Hand vorne und die rechte hinten liegt.

Stell Dich nun links neben das Pferd und lege den Sattel kurz vor dem Widerrist auf den Pferderücken.

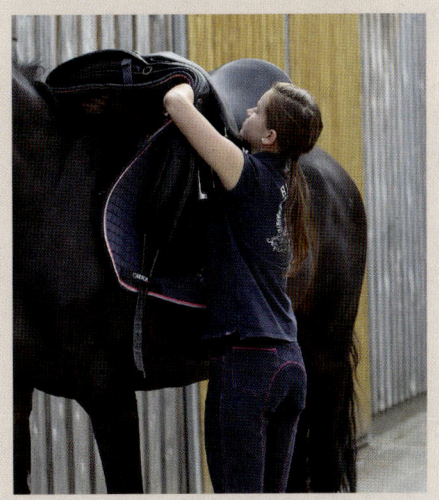

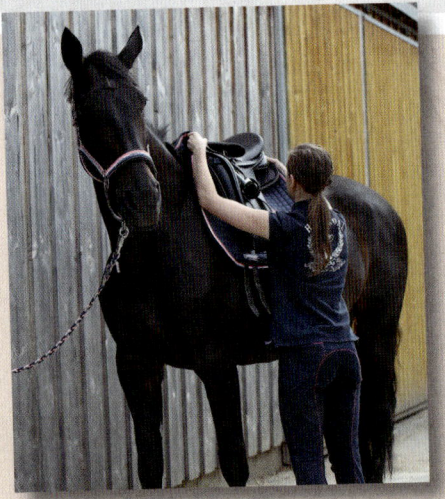

Wenn Du ihn jetzt nach hinten schiebst, glättet sich das Fell darunter. Der Sattel muss bis hinter die Pferdeschulter kommen. Hinter dem Schulterblatt liegt der Sattel richtig.

Jetzt kontrollierst Du die Satteldecke und ziehst sie nach oben in die Sattelkammer.

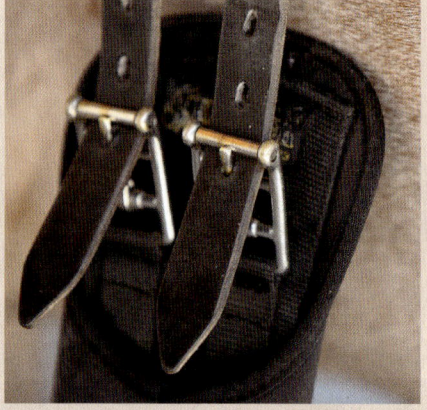

Anschließend nimmst Du den Sattelgurt von der Sitzfläche, führst ihn unter dem Pferdebauch hindurch und schnallst ihn fest.

Anfangs ist der Gurt noch ganz locker. Der Gurt ist auf der rechten Seite des Sattels immer fest, geöffnet und geschlossen wird er links.

Achte darauf, dass Du den Sattel immer behutsam auf den Pferderücken legst. Schmeiß den Sattelgurt nicht hinunter, sondern führe ihn langsam nach unten. Pferde mögen es überhaupt nicht, wenn ihnen die Gurtschnallen gegen ihr Bein knallen.

Genickstück
Stirnriemen

Kehlriemen
Backenstück
Reithalfter
Nasenriemen
Sperrriemen

Trensengebiss
Zügel

Hier siehst Du ein kombiniertes Reithalfter, es ist mit einem so genannten Sperrriemen ausgestattet. Häufig wird es auch ohne diesen Riemen verwendet.

Aufzäumen – so geht's

Stell Dich links neben Dein Pferd. Öffne den Kehlriemen des Halfters, zieh Deinem Pferd das Halfter über die Ohren ...

... und lass es direkt wieder – diesmal allerdings über dem Nasenriemen – hindurchschlupfen. So gesichert, kann es während des Auftrensens nicht weglaufen.

Greif mit dem rechten Arm um den Pferdekopf herum, sodass Deine Hand auf dem Nasenrücken liegt. An dieser Stelle hält Deine rechte Hand jetzt das Zaumzeug, während die linke das Trensengebiss dem Pferd behutsam ins Pferdemaul schiebt.

Streife nun das Genickstück über die Pferdeohren. Achte dabei darauf, dass kein Riemchen das Pferdeauge berührt und auch die Ohren nicht eingequetscht werden.

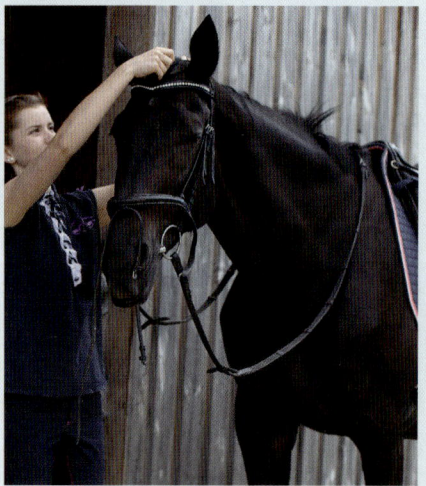

Zieh jetzt den Schopf über den Stirnriemen und schließe die offenen Schnallen an Nasen- und Kehlriemen.

Merk Dir folgende Regel: Unter den Nasenriemen sollten etwa zwei Finger passen, zwischen Kehlriemen und Kopf muss eine Faust reinpassen.

Praxis Tipp

So führst Du das Pferd am Zügel

Nimm Die Zügel über den Pferdekopf und halte sie kurz unter dem Gebiss in der rechten Hand. Das Zügelende hältst Du in Deiner linken Hand. Solltest Du das Pferd mit der rechten Hand einmal loslassen, zum Beispiel, wenn es einen kleinen Satz zur Seite macht, hast Du es so mit Deiner linken Hand immer noch unter Kontrolle.

So bandagiert Du Dein Pferd

Wie Du bereits gesehen hast, gibt es verschiedene Möglichkeiten, die Pferdebeine zu schützen. Ob man sein Pferd mit Bandagen, Gamaschen oder ohne jeglichen Beinschutz reiten sollte, dazu gibt es ganz unterschiedliche Meinungen. Beim Springen oder wenn das Pferd dazu neigt, sich zu streifen, ist ein Beinschutz auf jeden Fall wichtig.

Bandagieren – so geht's

Die Pferdebeine sollten vor dem Bandagieren sauber und trocken sein. Bandagen müssen gleichmäßig angelegt werden. Es darf keine Falten geben, sie könnten zu Scheuer- oder Druckstellen führen.

Achte darauf, dass Du die Bandagen richtig verschließt. Wenn sie schon etwas älter sind oder häufiger gewaschen wurden, hält der Klettverschluss vielleicht nicht mehr so gut.

Die Bandagen dürfen nicht zu fest um das Pferdebein gewickelt werden, da es sonst zu Durchblutungsstörungen kommen kann. Vorsicht ist vor allem bei Elastikbandagen geboten. Bei Fleecebandagen ist die Gefahr viel geringer.

Beim Bandagieren der Hinterbeine ist häufig der Schweif im Weg. Ein guter Trick: Mach einfach einen Knoten rein.

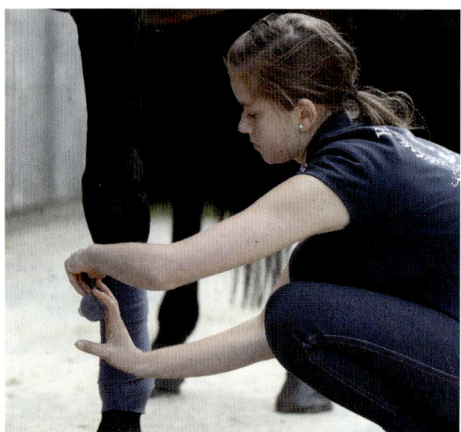
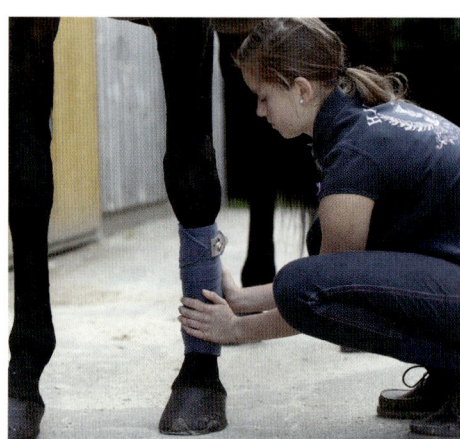

Du beginnst unterhalb des Vorderfußwurzelgelenkes mit dem Bandagieren. In schräg gelegten Bahnen wickelst du die Bandage von oben nach unten ab, bis über den Fesselkopf, die Fesselbeuge wird nicht mit eingewickelt.
Dann führst du die Bandage in der gleichen Weise wieder nach oben, um sie dort mit dem Klettverschluss zu verschließen.

Du solltest Dir das Bandagieren auf jeden Fall von einem erfahrenen Reiter oder Deinem Reitlehrer zeigen lassen. Du musst sicher einige Male üben, bis es klappt. Du wirst es irgendwann raushaben, in welchen Abständen Du die Bahnen anlegst, um am Ende der Bandage tatsächlich an der richtigen Stelle anzukommen. An den Hinterbeinen müssen die Abstände etwas größer sein, da die Bandage sonst nicht reicht.

Jetzt wird aufgesessen

Vor dem Aufsteigen muss der Sattelgurt überprüft werden. Beim Aufsatteln wurde er ja nur
ganz leicht angezogen. Er muss nun aber so fest
sein, dass der Sattel Dir beim Aufsteigen nicht
entgegenkommt.
Nachgegurtet wird nach der so genannten
Lösungsphase, wenn Du ungefähr 15 bis 20
Minuten in der Bahn geritten bist. Dein Reitlehrer wird darauf achten und Dir genau sagen,
was wann zu tun ist. Aber es ist ganz gut, wenn
Du auch als Anfänger schon Bescheid weißt.
Anfangs wird er das Pferd beim Nachgurten
festhalten, später schaffst Du das dann alleine.

Beim Nachgurten legst Du Dein
linkes Bein nach vorne über den
Sattel, jetzt kannst Du den
Sattelgurt anziehen.

Aufsitzen

Vielleicht lernst Du von Anfang an, mit
einer Aufsteighilfe aufzusteigen. Damit
geht das Aufsteigen viel einfacher. Es ist
auch wesentlich gesünder für das Pferd,
da ihm das seitliche Gezerre erspart
bleibt. Das Aufsteigen mit der Aufsteighilfe sollte Dein Pferd bereits kennen.
Stell Dich links neben Dein Pferd hin.

Platziere Deine Aufsteighilfe so dicht am
Pferd, dass Du Dich gleich ohne Mühe in
den Sattel schwingen kannst. Warte, bis
Dein Pferd ruhig steht. Steck nun Deinen
linken Fuß bis zum Ballen in den Steig-
bügel hinein.
Stoß Dich mit Deinem rechten Bein vom
Tritt ab und zieh Dich nach oben.

Dreh Dich zum Pferd und schwinge Dein rechtes Bein über die Pferdekruppe.

Pass auf, dass Du dem Pferd beim Einsitzen nicht in den Rücken plumpst. Steck nun noch den rechten Fuß bis zum Ballen in den Bügel.

Aufsitzen ohne Aufsteighilfe

Stell Dich links neben Dein Pferd hin, Dein Rücken zeigt zum Pferdekopf. Greife nun mit der linken Hand vorne an den Sattel.

Dreh den Steigbügel mit der rechten Hand zu Dir, und steck Deinen linken Fuß bis zum Ballen hinein.

Stoß Dich jetzt mit Deinem rechten Bein vom Boden ab, und zieh Dich nach oben. Dreh Dich zum Pferd und schwing Dein rechtes Bein über die Pferdekruppe. Nun muss nur noch Dein rechter Fuß in den Bügel, dann kann's losgehen.

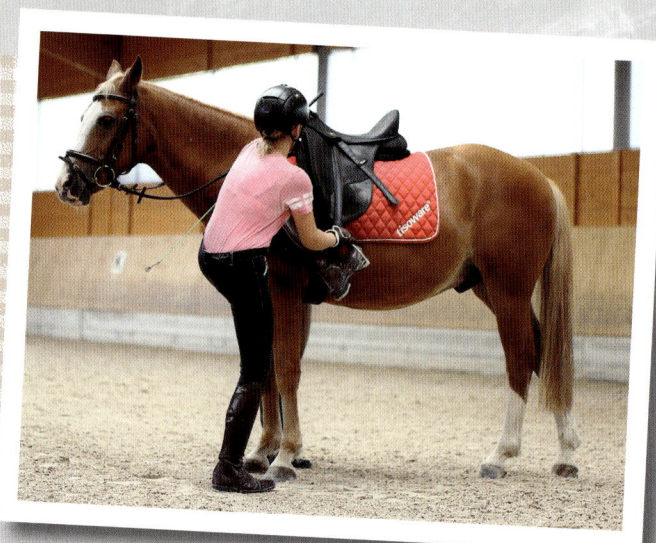

So steigst Du ab

Okay, es ist noch etwas früh zum Absteigen, aber ich erklär es Dir an dieser Stelle trotzdem schon mal.

Nimm beide Füße aus den Steigbügeln.

Stütz Dich mit beiden Händen am Pferdehals oder besser am Sattel ab, hol kräftig Schwung.

Schwing Dein rechtes Bein über die Pferdekruppe ...

... und lass Dich langsam runter.

Aufgaben nach der Reitstunde

Nach der Stunde gibt es noch einiges für Dich zu erledigen. Bevor Du die Reitbahn verlässt, schiebst Du die Steigbügel nach oben und schlingst die

Steigbügelriemen zweimal um den Bügel. Nimm die Zügel zum Führen über den Pferdekopf.

Am Putzplatz angekommen, halfterst Du das Pferd wieder auf. Dafür legst Du die Zügel Deinem Pferd auf jeden Fall noch einmal über den Hals, da es, bis Du ihm das Halfter aufgezogen hast, für einen kurzen Moment »oben ohne« dastehen wird. Öffne nun die Schnallen von Kehl- und Nasenriemen, und zieh das Genickstück des Zaumzeugs über die Pferdeohren. Nimm das Gebiss aus dem Pferdemaul. Das Gebiss muss nach dem Reiten immer gründlich abgewaschen werden. Halfter Dein Pferd wie zuvor beschrieben wieder auf, zieh ihm die Zügel über den Kopf, und binde es an. Nun steht noch das Absatteln an. Öffne zuerst die beiden Gurtschnallen auf der linken Seite. Geh um das Pferd herum, nimm den Gurt vorsichtig hoch und leg ihn über die Sitzfläche des Sattels. Heb jetzt den Sattel vom Pferderücken, und räum ihn an seinen Platz.

Putz noch einmal über Dein Pferd drüber, und kratz ihm die Hufe aus. (Vielleicht ist das ja auch schon erledigt, da auf vielen Anlagen die Hufe bereits in der Halle ausgekratzt werden müssen.) Besonders gründlich solltest Du die Sattellage säubern. Dann kann Dein Pferd zurück in seine Box. Vergiss nicht, den Putzplatz sauber zu machen und das Putzzeug aufzuräumen.

Sobald das Pferd versorgt ist, muss noch der Putzplatz gefegt werden.

Die Reitstunde

An der Longe

Deine ersten Reitversuche machst Du an der Longe. Zu Beginn wirst Du an der Longe sicher noch ohne Zügel reiten. Aber sobald Du Dich an die Bewegungen des Pferdes gewöhnt hast, wird Dir Dein Reitlehrer die Zügel in die Hand geben. Freu Dich, wenn es soweit ist, dann bist Du schon ganz schön weit gekommen.

Die Zeit an der Longe ist sinnvoll, so kannst Du Dich mit dem Pferd vertraut machen. Dein Reitlehrer hat das Pferd sicher an der langen Leine, und Du musst Dich um nichts kümmern, denn er treibt es an, bremst es ab, und Hufschlagfiguren musst Du Dir auch noch keine merken. Solltest Du aus dem Gleichgewicht geraten, kannst Du Dich am Sattel prima festhalten.
Mit gezielten Übungen wird Schritt für Schritt Deine Fähigkeit geschult, in der Bewegung des Pferdes ruhig zu sitzen. Du wirst das Leichttraben und Aussitzen üben, mal mit und mal ohne Bügel. Lass Dich nicht entmutigen, wenn Du am Anfang Deine Beine und Hände noch nicht ruhig halten kannst. Übung macht ja bekanntlich den Meister.

Beim Abteilungsreiten halten die Reitschüler mit ihren Pferden einen vorgegebenen Abstand von mindestens einer Pferdelänge voneinander und folgen einem Anfangsreiter.

Die Gruppenstunde

Sobald Dein Sitz sich gefestigt hat, wirst Du in eine Reitstunde mit mehreren Reitschülern kommen. In der Reitstunde wird entweder frei geritten oder in der Abteilung. Beim freien Reiten darfst Du selbst entscheiden, welche Hufschlagfiguren Du reitest. Der Reitlehrer wird immer mal Kommandos geben, die sich an alle richten, zum Beispiel, dass nun auch galoppiert werden darf und viele Übergänge (Wechsel in andere Gangarten) geritten werden sollen, und sich immer wieder intensiv mit einem Schüler befassen. Wenn »frei« in der Reitbahn geritten wird, spricht man auch von »durcheinander reiten«. Damit es dabei aber zu keinem Durcheinander kommt, gibt es Regeln in der Reitbahn. Eine ganz wichtige Regel lautet: links vor rechts!

Beim Reiten in der Bahn ist immer wieder von »linker und rechter Hand« die Rede. Auf der »linken Hand« befindest Du Dich, wenn Deine linke Hand zum Bahninneren zeigt, also die Bande (Abgrenzung in der Halle) rechts von Dir liegt. Auf der »rechten Hand« befindest Du Dich, wenn Deine rechte Hand zum Bahninneren zeigt, also die Abgrenzung links von Dir liegt.

Wer auf der linken Hand unterwegs ist, der darf auf dem Hufschlag bleiben. Der Reiter, der Dir entgegenkommt, muss dann nach innen ausweichen. Dabei hat der Reiter, der ganze Bahn reitet, immer Vorfahrt vor dem Reiter, der zum Beispiel einen Zirkel oder eine andere Hufschlagfigur reitet. Im Schritt bleibt man auf dem zweiten Hufschlag, dieser ist etwa zwei Meter von der Bande aus nach innen versetzt. Der erste Hufschlag befindet sich direkt an der Bande.

Wichtig!
Bevor Du die Reithalle oder den Reitplatz mit Deinem Pferd betrittst, sagt Du: »Tür frei, bitte.« Erst wenn ein Reiter »Ist frei!« sagt, darfst Du die Bahn betreten. Dasselbe gilt auch für das Verlassen der Bahn.

Beim Abteilungsreiten bestimmt Dein Reitlehrer die Reihenfolge der Pferd-Reiter-Paare. Meist reitet am Anfang ein fortgeschrittener Reiter, der die Hufschlagfiguren und Kommandos bereits kennt. Beim Abteilungsreiten gilt es, Abstand zu halten. Der Abstand sollte mindestens eine Pferdelänge betragen. In der Abteilung wirst Du die Hufschlagfiguren kennenlernen, das sind die Figuren, die in der Reitbahn geritten werden. Du solltest Dein Pferd nicht einfach nur hinterherlaufen lassen, sondern auch selber auf die korrekte Ausführung der Hufschlagfiguren achten.

Diese junge Reiterin hat mit ihrem Pony gerade abgewendet und wird nun für ein paar Minuten gegen die Abteilung ihre Einzelaufgabe reiten.

Eine Reitstunde hat eine Lösungsphase, eine Arbeitsphase und eine Erholungsphase. Die Pferde sollten sich, wenn sie aus dem Stall kommen, erst einmal »warm laufen« dürfen, ihre Muskeln müssen sich lockern und dehnen, bevor die Arbeit beginnt. Das ist wie bei einem Sportler, der, bevor er seinen 100-Meter-Lauf macht, auch erst einmal locker ein paar Runden absolviert. Natürlich hängt der Aufbau einer Stunde vom Leistungsstand der Reitschüler ab. Am Anfang werden so genannte lösende Übungen geritten. Dazu gehören beispielsweise: Schritt am langen Zügel, Leichttraben auf geraden und gebogenen Linien, Wechsel zwischen Trab und Galopp auf dem Zirkel, Handwechsel oder Schenkelweichen.

Nach etwa 20 Minuten beginnt dann die Arbeitsphase. Viele Reitlehrer überlegen sich vor der Stunde ein Thema, an dem sie mit ihren Schülern besonders arbeiten möchten, oder setzen da wieder an, wo sie in der letzten Stunde aufgehört haben. Solch ein Thema kann beispielsweise das Erlernen neuer Hufschlagfiguren sein, das Halten aus dem Trab oder das Angaloppieren aus dem Schritt. Am Ende der Stunde ist Entspannung angesagt, da darf das Pferd dann am langen Zügel noch etwas ausschnaufen und trocknen, sollte es geschwitzt haben. Ich hoffe, dass Dich Dein Reitlehrer immer mit einem guten Gefühl aus der Stunde entlässt und Du mit einem Erfolgserlebnis nach Hause gehen kannst. Und ganz wichtig: Bedank Dich bei Deinem Pferd für die tolle Reitstunde mit einer Streicheleinheit oder einer Karotte.

Sitz und Reiterhilfen

Der korrekte Sitz

Du wirst feststellen, dass es gar nicht so leicht ist, auf einem sich bewegenden Pferd ruhig sitzen zu bleiben. Der ruhige, entspannte und ausbalancierte Sitz in allen Gangarten sollte Dein Ziel sein. Vielleicht hast Du schon einmal einem guten Reiter, etwa auf einem Reitturnier, zugeschaut und Dich dabei gefragt, woher das Pferd eigentlich weiß, was es tun soll. Der Reiter saß ohne Anstrengung im Sattel, und es schien so, als würde das Pferd von Zauberhand gelenkt. Ganz ohne Hilfen (vielleicht auch nicht ganz ohne Anstrengung) kam dieser Reiter sicher auch nicht aus, aber sie waren so minimal und abgestimmt, dass sie kaum auffielen. Um das zu schaffen, hat dieser Reiter das Spiel mit dem Gleichgewicht richtig gut gelernt.

Nur wenn es Dir gelingt, richtig zu sitzen, dann wirst Du auch Dein Pferd lenken und sein Tempo bestimmen können. Reiten hat nichts mit »an den Zügeln zerren oder daran festhalten« zu tun, es ist ein Zusammenspiel der verschiedenen Hilfen. Je länger Du reitest, umso besser wird es klappen, Du wirst sehen. Man unterscheidet Gewichts-, Zügel- und Schenkelhilfen, was darunter zu verstehen ist, dazu kommen wir gleich.

Zurück zum Sitz: Setz Dich gerade und aufrecht im Sattel hin. Stell Dir vor, an Deinem Kopf wäre ein elastisches Band befestigt, das von Dir nach oben zur Hallendecke führt. Versuche dieses Band immer unter derselben leichten Spannung zu halten. Dafür muss auch Dein Kopf gerade und locker bleiben, schau nicht in die Luft und auch nicht zum Boden hinunter, sonst hängt das Band durch oder wird zu straff. Schau einfach geradeaus oder in die Bewegungsrichtung Deines Pferdes.

Beim Reitenlernen muss man gerade am Anfang an eine ganze Menge denken, Spaß und Entspannung dürfen da nicht zu kurz kommen.

Die Reiterin versucht, den richtigen Sitz im Sattel zu spüren.

Die richtige Stelle für Deinen guten Sitz im Sattel wirst Du fühlen, Du sitzt dann im so genannten Schwerpunkt, was für Dein Pferd am angenehmsten ist. Denn für Dein Pferd ist es teilweise nicht leicht, sich mit einem steifen und oftmals furchtbar wackelnden »Reiter-Rucksack« auf seinem Rücken zu bewegen, der es immer wieder aus dem eigenen Gleichgewicht bringt. Auch auf einer gebogenen Linie bleibst Du aufrecht und legst Dich nicht in die Kurve. Deine Gesäßknochen (auch Sitzbeinhöcker genannt) bleiben am Sattel. Um die Gesäßknochen zu spüren, setzt Du Dich auf Deine Hände und bewegst Deinen Po etwas hin und her. Die Knochen, die Du jetzt spürst, das sind Deine Gesäßkochen, und die musst Du im Sattel spüren.

Deine Ellbogen hältst Du angewinkelt, Deine Unterarme zeigen nach vorne zum Pferdekopf. Ellbogen, Hand und Pferdemaul sollen eine gerade Linie bilden.

Die Zügel-Fäuste

Deine Zügel-Fäuste hältst Du aufrecht nebeneinander. Die Handgelenke sind etwas gewölbt, die kleinen Finger liegen dichter zusammen als die Daumen. Die Zügel liegen zwischen Deinen kleinen Fingern und Deinen Ringfingern in Deiner Faust, oben kommen sie zwischen Deinen Zeigefingern und Deinen Daumen wieder heraus. Bilde mit Deinen Daumen ein Dach auf den Zügeln, und drück die Zügel leicht auf Deine Zeigefinger.

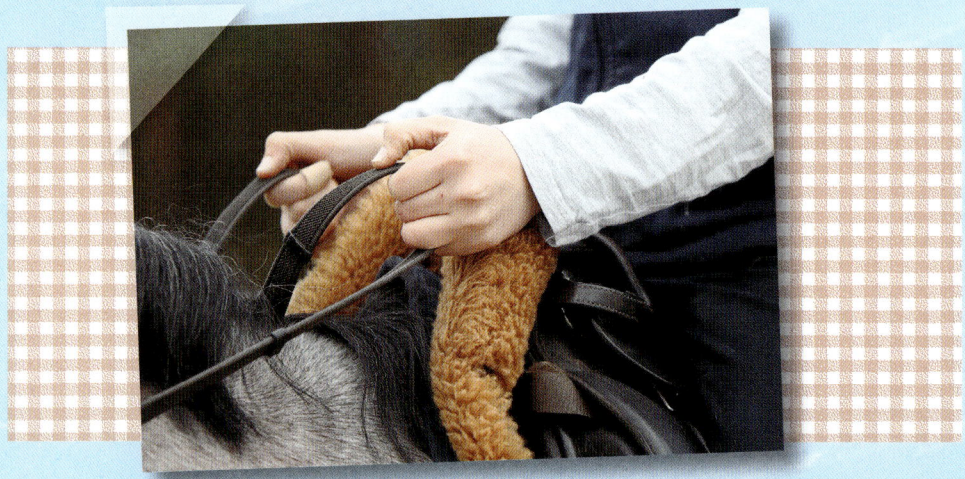

Die korrekte Haltung der Fäuste

So werden Dir die Zügel nicht sofort durch die Finger gerissen, wenn das Pferd seinen Kopf nach vorne bewegt. Die beiden Zügelenden sind mit einer kleinen Schnalle geschlossen. Dieses Endstück zwischen Deinen beiden Händen sollte nach rechts unter dem rechten Zügel herunterhängen.
Pass auf, dass Du Deine Handgelenke nicht verkrampfst, versuche, sie schön locker zu lassen.

Die Beine

Deine Oberschenkel sollen flach am Sattel liegen. Das ist nicht einfach, weil es eine ungewohnte Haltung ist. Du musst dabei Deine Oberschenkel eindrehen. Wie man das macht? Stellt Dir vor, Du würdest X-Beine auf dem Pferd machen. Durch das Eindrehen der Oberschenkel liegen gleichzeitig Deine Knie flach am Sattel. So soll es sein. Deine Kniescheiben zeigen nach vorne zum Pferdekopf. Deine Unterschenkel sollen locker am Pferdeleib liegen und mit den Bewegungen des Pferdes mitschwingen. Achte darauf, dass Du nicht mit den Beinen klammerst. Die richtige Lage hat Dein Unterschenkel, wenn er sich am Gurt befindet. Du solltest versuchen, Deine Schenkellage immer wieder zu kontrollieren, denn am Anfang macht sich Dein Unterschenkel sicher gerne immer wieder »selbstständig«. Wenn Du einige Zeit geritten bist, wird auch das besser, versprochen.

 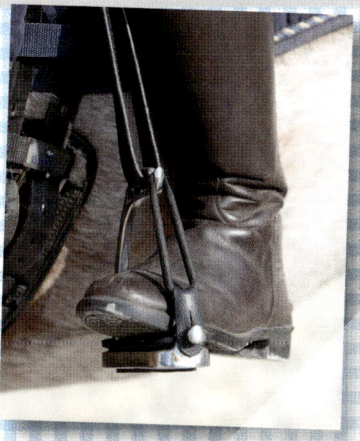

Deine Fußballen liegen auf den Gummieinlagen der Steigbügel, und Deine
Füße hältst Du parallel zum Pferdeleib. »Absatz tief!«, dieses Kommando
habe ich heute noch im Ohr. Es war das Lieblings-Kommando eines Reitlehrers aus meiner Kindheit. Damals habe ich nicht kapiert, was damit gemeint war, und ich denke, mein damaliger Reitlehrer wusste auch nicht richtig
Bescheid, sonst hätte er es nicht ständig gerufen, und vor allem hätte er
gemerkt, dass ich mich beim Absatz-Runterdrücken komplett verkrampfe.
Vergiss das Kommando »Absatz tief!« ganz schnell wieder, und halte Deine
Füße wie oben beschrieben. In der Bewegung federn dann Deine Fußgelenke
etwas nach unten. Achte aber darauf, dass Du Deine Fersen nicht hochziehst.

So findest Du die richtige Bügellänge: Wenn Du Deine Füße
aus den Bügeln nimmst und die Knie leicht angewinkelt lässt,
sollte sich der Bügel auf Höhe Deines Knöchels befinden.

Dressursitz und leichter Sitz

Im Dressursitz sitzt Du aufrecht, Deine Beine sind lang, und Du sollst tief im
Sattel mitschwingen. Als Orientierungshilfe zur Überprüfung des Sitzes
sollten Dein Ohr, Deine Schulter, Deine Hüfte und Dein Absatz auf einer

senkrechten Linie liegen. (Wenn Du noch nicht weißt, was mit senkrecht gemeint ist, zeige ich es Dir anhand eines Lineals. Schnapp Dir ein Lineal und leg es mit der kurzen Seite an der Tischkante an, sodass es gerade nach oben zeigt. Dein Lineal und die Tischkante bilden einen rechten Winkel. Die lange Seite des Lineals ist die Senkrechte.)

Im leichten Sitz hingegen reitest Du mit kürzeren Bügeln, nimmst Dein Gewicht aus der Sitzfläche des Sattels und federst es mit Deinen Füßen ab. Dein Oberkörper geht vor. Der Pferderücken kann bei dieser Sitzart freier schwingen. So reitest Du im Gelände oder wenn Du ein Hindernis überwindest. Im leichten Sitz sollte Dein Po dennoch nah am Sattel bleiben. Du schaust dabei zwischen den Pferdeohren hindurch geradeaus.

Dressursitz

Leichter Sitz

Die Hilfen

Die »Hilfen« sind dazu da, Deinem Pferd verständlich zu machen, was Du von ihm möchtest. Du führst sozusagen ein Gespräch mit ihm, zwar nicht mit Worten (obwohl Du durchaus auch Deine Stimme im Umgang und beim Reiten einsetzen darfst und sollst), sondern mit Deinem Gewicht, mit Deinen Schenkeln und mit den Zügeln. Es ist nun aber leider nicht so, dass Du einen genauen Plan bekommst, wann Du welche Hilfe in welcher Reihenfolge

anwenden kannst. Reiten bedeutet immer ein Zusammenspiel aller Hilfen. Das Zusammenwirken der Reiterhilfen wird in der Reitersprache als Einwirkung bezeichnet. Solltest Du mal ein Reitabzeichen machen, ist eine beliebte Prüfungs-Frage, was man unter Einwirkung versteht.

Die Gewichtshilfen

Dein Pferd spürt Dich und damit Dein Gewicht, sobald Du auf ihm sitzt. Durch kleinste Gewichtsverlagerungen kannst Du es lenken. Junge Pferde müssen, wenn sie eingeritten werden, erst lernen, mit dem Gewicht auf ihrem Rücken klarzukommen. Gewichtshilfen geben dem Pferd die Richtung an, und Du kannst durch sie das Tempo Deines Pferdes beeinflussen.
Vor allem bei Anfängern fällt es Pferden oft sehr schwer, die Gewichtshilfen zu verstehen. Anfänger lehnen sich versehentlich in die verkehrte Richtung oder geraten aus dem Gleichgewicht. So kann es dazu kommen, dass das Pferd abwendet, obwohl es eigentlich weiter geradeaus laufen sollte. Das wirst Du sicher selbst auch einmal erleben.

Man unterscheidet zwischen beidseitig belastenden, einseitig belastenden und entlastenden Gewichtshilfen.
Das Anspannen der Gesäßmuskulatur zählt zu den beidseitig belastenden Gewichtshilfen. Sie braucht man zum Anreiten in den Schritt oder Trab.
Die einseitig belastende Gewichtshilfe wird beispielsweise eingesetzt beim Angaloppieren, beim Reiten von Wendungen sowie beim Stellen, Biegen und Seitwärtstreten.
Bei der entlastenden Gewichtshilfe verlässt man die aufrechte Haltung und nimmt den Oberkörper etwas nach vorne. Diese Haltung nimmst Du beispielsweise bei der Ausbildung von jungen Pferden ein.

Die Schenkelhilfen

Deine Unterschenkel liegen in allen Gangarten ruhig am Pferd an. Du kannst durch Anspannen Deiner Muskulatur Deinem Pferd Signale übermitteln. Dabei hängt es von der Lage Deiner Schenkel und vom Zusammenwirken mit

Der vorwärtstreibende Schenkel

Der verwahrende Schenkel

den anderen Hilfen ab, ob die Schenkelhilfe vorwärtstreibend, vorwärts-seit-
wärtstreibend oder verwahrend wirkt.

Der vorwärtstreibende Schenkel liegt in der normalen Position am Sattelgurt
oder ein Stück dahinter. Hier schwingt er locker mit den Bewegungen des
Pferdes mit. Wenn Du Dein Pferd vorwärts treiben möchtest, spannst Du
kurz Deine Muskeln an Deiner Wade an. Ein gut ausgebildetes, sensibles
Pferd merkt das sofort und wird fleißiger.
Sowohl der vorwärts-seitwärtstreibende als auch der verwahrende Schenkel
liegt etwa eine Handbreit hinter dem Sattelgurt. Während der vorwärts-seitwärtstreibende Schenkel aktiv einwirkt, ruht der verwahrende allerdings
weitgehend passiv am Pferd und verhindert nur das Ausweichen der Hinterhand, zum Beispiel beim Reiten auf gebogenen Linien (auf dem Zirkel, bei
einer Volte, in der Ecke). Der verwahrende Schenkel ist immer der äußere.
Er unterstützt, dass Vor- und Hinterhand in einer Spur bleiben.

Mit den Schenkeln gibt man immer nur kurze Impulse. Klammere nicht mit Deinen Beinen und kick das Pferd auch nicht in den Bauch. Dadurch wird es nur abgestumpft. Wenn ein Pferd gar nicht auf Deine Schenkelhilfe reagiert, dann spricht man von einem »abgestumpften« Pferd. Es kann sein, dass Du mit Erlaubnis Deines Reitlehrers in solch einem Fall zur Unterstützung Deiner Schenkelhilfen eine Gerte verwenden darfst. Die Gerte wird zusammen mit den Zügeln in der Reiterhand gehalten. Sie liegt idealerweise schräg über dem Oberschenkel. Die Gerte befindet sich innen und wird bei jedem Handwechsel wieder in die innere Hand gewechselt. Gerten-Wechsel ist Übungssache: Nimm beide Zügel in die Hand mit der Gerte. Mit der freien Hand ziehst Du die Gerte langsam aus der Zügelhand heraus und wechselst sie über den Hals auf die andere Seite. Ordne anschließend Deine Zügel wieder.

Die Zügelhilfen

Das Maul Deines Pferdes ist sehr empfindlich, daher darfst Du beim Reiten mit den Zügeln auch nur ganz sanft einwirken. Wenn Du mal aus dem Gleichgewicht kommst, ist es ratsam, dass Du Dich eher am Pferdehals kurz abstützt und dabei die Zügel etwas länger lässt, als dem Pferd im Maul rumzureißen. Beim Reiten ist stets eine leichte und elastische Zügelverbindung erwünscht.

Reiten am langen Zügel.

Die Zügelhilfen werden unterschieden in: annehmend, nachgebend, aushaltend, verwahrend und seitwärtsweisend.

Was ist denn mit einer annehmenden Zügelhilfe gemeint? Je nachdem, was Du machen sollst, reicht ein leichtes Schließen der Faust schon aus. Stell Dir vor, Du würdest einen Schwamm ausdrücken oder hättest einen kleinen Vogel in Deinen Fäusten, den Du am Wegfliegen hindern möchtest. Also sei ganz vorsichtig mit Deinen Händen, sonst klemmst Du dem Vogel noch die Flügel ein. Auch ein ganz leichtes Drehen des Handgelenks nach innen kann ausreichen. Sobald das Pferd reagiert hat, gibst Du sofort wieder nach, drehst Dein Handgelenk wieder in die normale Haltung oder lockerst Deine Faust. Wenn Dein Pferd Dein Nachgeben spürt, weiß es, dass es richtig reagiert hat. Der innere Zügel ist immer der »leichtere«, der nachgibt, mit dem äußeren, dem »führenden« Zügel hältst Du stets eine weiche Verbindung.

»Am langen Zügel« heißt: Das Pferd geht mit entspanntem Hals in leichter Verbindung zwischen Pferdemaul und Reiterhand. »Mit hingegebenem Zügel« heißt: Es besteht keine Verbindung zwischen Pferdemaul und Reiterhand. Das Pferd sollte sich am hingegebenem Zügel nach vorwärts-abwärts dehnen.

Reiten in den verschiedenen Gangarten

Reiten hat ganz viel mit Fühlen zu tun. Der Schritt ist fast erschütterungsfrei, und Du wirst dabei gut sitzen können, im Trab wird's schon etwas schwungvoller und manchmal ganz schön »wackelig«, im Galopp wirst Du Dich fühlen, als würdest Du fliegen.

Die Grundgangarten

Schau Dir mal die unterschiedlichen Gangarten der Pferde an, wenn sie frei sind und wenn sie geritten werden. Achte darauf, wann das Pferd welches Bein aufsetzt. Der **Schritt** ist die langsamste Gangart. Das Pferd bewegt sich dabei im Viertakt und hebt seine Beine in dieser Reihenfolge: vorne rechts – hinten links – vorne links – hinten rechts. Im Schritt gibt es keine Schwebephase, daher sitzt der Reiter in dieser Gangart ganz bequem und kann gut das Gleichgewicht halten. Man unterscheidet: Mittelschritt, starker Schritt, versammelter Schritt. Das Reiten von starkem und versammeltem Schritt gehört bereits zu den schwierigen Übungen.

Im **Trab** schwingt das Pferd jeweils seine diagonalen Beinpaare gleichzeitig nach vorne, also linkes Vorderbein und rechtes Hinterbein sowie rechtes Vorderbein und linkes Hinterbein. Dazwischen liegt eine so genannte Schwebephase. Sie wird so genannt, da in diesem ganz kurzen Moment kein Pferdebein den Boden berührt. Du wirst merken, dass der Trab für Dich sehr bequem, aber durchaus auch mal ziemlich »wackelig« sein kann, je nachdem, wie viel Schwung ein Pferd entwickelt. Man unterscheidet: Arbeitstrab, Mitteltrab, versammelter Trab, starker Trab.

Der **Galopp** ist ein so genannter Dreitakt. In der Reitbahn reitet man rechtsherum normalerweise im Rechtsgalopp und linksherum im Linksgalopp. Die Fußfolge im Rechtsgalopp ist: linkes Hinterbein – rechtes Hinterbein und linkes Vorderbein gleichzeitig – rechtes Vorderbein, gefolgt von einer Schwebephase. Im Linksgalopp ist es genau andersherum: rechtes Hinterbein – linkes Hinterbein und rechtes Vorderbein gleichzeitig – linkes Vorderbein – Schwebephase. Wenn es ein unerwünschtes Kuddelmuddel gibt, spricht man von Kreuzgalopp. Dabei galoppiert das Pferd mit den Vorderbeinen im Linksgalopp und mit den Hinterbeinen im Rechtsgalopp.

Im Schritt

Damit Dein Pferd nach dem Aufsteigen im Schritt losgeht, drückst Du mit beiden Unterschenkeln sanft gegen den Pferdebauch. Schieb Deine Gesäßknochen leicht nach vorne, und gib mit den Zügeln etwas nach. Bleib schön aufrecht. Wenn sich das Pferd in Bewegung gesetzt hat, lässt Du Deine Schenkel am Pferdekörper anliegen. Verkrampf Dich nicht. Durch die Bewegung des Pferdes schwingen Deine Unterschenkel ganz von alleine abwechselnd links und rechts an den Bauch des Pferdes. Damit sagst Du dem Pferd, es soll vorwärts gehen.

Mit Deinen Händen folgst Du der Bewegung des Pferdekopfes. Beim Reiten möchte man

Die Reiterin lernt, die ersten Hufschlagfiguren im Schritt zu reiten.

eine weiche und gleichmäßige Verbindung zwischen den Reiterhänden und dem Pferdemaul. Auch das ist am Anfang nicht so einfach. Pass auf, dass Du dem Pferd nicht im Maul herumziehst.

Im Trab

Jetzt geht es in den Trab. Der Trab ist viel schwungvoller als der Schritt, daher ist es ganz normal, wenn Du anfangs vielleicht etwas aus dem Gleichgewicht kommst und im Sattel schwankst. Um vom Schritt in den Trab zu wechseln, spannst Du die Muskeln in Deinen Unterschenkeln und in Deinem Po etwas an und gibst dabei mit den Zügeln nach. Geh leicht mit Deiner Hand vor. Du wirst sehen, Dein Pferd trabt an.

Leichttraben

Zunächst wird Dich Dein Reitlehrer leichttraben lassen. Dabei hebst Du Deinen Po im Rhythmus der Pferdebewegung abwechselnd aus dem Sattel und setzt Dich wieder hin. Das Leichttraben musst Du eine Weile ausprobieren. Lass Dich von der Bewegung des Pferdes etwas nach oben schubsen, dadurch wirst Du nicht übertrieben weit aufstehen. Finde den Takt.

Aussitzen im Trab und Leichttraben.

Dein Reitlehrer wird Dir am Anfang sicher auch immer mal wieder den Takt vorgeben und Dir das Hochgehen ansagen.

Es gibt eine Regel dafür, wann Du beim Leichttraben aufstehen und wann Du Dich hinsetzen sollst: Wenn die äußere Schulter des Pferdes vorschwingt, gehst Du mit dem Gesäß aus dem Sattel. Bewegt sich die innere Schulter nach vorne, sitzt Du wieder ein. Wenn Dein Reiterlehrer zu Dir sagt, dass Du »auf dem falschen Fuß« trabst, schau kurz auf die äußere Pferdeschulter und überprüfe, ob Du mit der Vorwärtsbewegung aufstehst. Ist das nicht so, bleibst Du einmal kurz sitzen. Jetzt solltest Du »auf dem richten Fuß« traben. Beim Leichttraben schwingen Deine Unterschenkel immer in dem Moment an den Pferdeleib, wenn Du im Sattel sitzt. Dadurch sagst Du Deinem Pferd, dass es vorwärts laufen soll. Achte auf Deine Hände, sie sollen ruhig stehen bleiben. Das ist alles reine Übungssache, keine Sorge, Du wirst das bald schaffen.

Aussitzen

Im Trab wird auch ausgesessen. Du sollst dabei die Bewegungen des Pferdes ruhig und geschmeidig begleiten, so wünscht es sich die Reitlehre. Bei manchen Pferden wirst Du das sicher schon gut hinbekommen, bei anderen wirst Du Dir wünschen, wieder ins Leichttraben zu wechseln.

Im Galopp

Aufs Galoppieren freust Du Dich sicher schon. Los geht's. Beginnen wir mit dem Angaloppieren aus dem Trab: Sitz aus, tritt etwas stärker in Deinen inneren Steigbügel ein und nimm den inneren Zügel leicht an. Dein innerer Unterschenkel treibt das Pferd in der normalen Lage am Sattelgurt mit leichtem Druck vorwärts, während Du Dein äußeres Bein etwa eine Handbreit hinter den Sattelgurt zurücklegst. Jetzt sollte Dein Pferd im Innengalopp anspringen.

Während das Pferd galoppiert, schwingst Du mit dem inneren Unterschenkel bei jedem Galoppsprung leicht gegen seinen Bauch. So weiß es, dass es in diesem Tempo weitergaloppieren soll. Deine Hände gehen mit der Bewegung des Pferdekopfes leicht mit, zieh sie nicht zum Bauch. Dein äußeres Bein liegt eine Handbreit hinter dem Gurt.

Du bist nun in allen drei Grundgangarten für einen Moment geritten und hast bereits von verschiedenen Hilfen gehört, die zur Verständigung wichtig sind.

Paraden geben

Halbe Paraden

So genannte Halbe Paraden sind ein wichtiges Kommunikationsmittel zwischen Pferd und Reiter. Zur Vorbereitung von Übungen, um das Pferd aufmerksam zu machen, um Übergänge zu reiten, um in eine niedrigere Gangart

durchzuparieren oder um das Pferd innerhalb einer Gangart langsamer oder schneller zu machen, musst Du halbe Paraden geben. Dazu nimmst Du die Zügel ganz leicht an (erinnere Dich an den Vogel in Deiner Hand), machst Dich im Sattel schwerer und treibst mit beiden Schenkeln. Sobald das Pferd darauf reagiert und langsamer wird bzw. die Gangart wechselt, gibst Du mit den Zügeln nach und beendest die treibenden Hilfen.

Du findest es sicher unlogisch, dass Du Dein Pferd treiben sollst, um es zu bremsen. Aber wenn Du nur vorne an den Zügeln ziehst, kann das Pferd ausweichen, indem es entweder den Kopf hochreißt und weiterläuft – oder aber die Nase in Richtung Brust nimmt und ebenfalls weitergeht. Durch den Einsatz von Zügeln, Schenkeln und Gewicht gibst Du dem Pferd einen Rahmen. Deine treibenden Hilfen »schieben« das Pferd an den Zügel heran und hindern es daran, sich mit Kopf und Hals Deiner Einwirkung zu entziehen.

Ganze Paraden

Zum Anhalten musst Du immer eine ganze Parade geben. Sie unterscheidet sich von der halben Parade nur dadurch, dass Du das Zusammenspiel von angenommenem Zügel und treibenden Hilfen so lange aufrechterhältst, bis das Pferd steht. Sobald es angehalten hat, beendest Du die Parade, wirst weich in der Hand und lobst es.

Stellung und Biegung
Das Reiten von gebogenen Linien

Für die Gymnastik-Arbeit mit dem Pferd ist seine Stellung und Biegung von besonderer Bedeutung; Du wirst über diese Begriffe immer wieder stolpern. Dein Pferd kann sich in seiner Länge einer gebogenen Linie anpassen. Rumpf und Hals sind dabei leicht gebogen. Um das zu erreichen, bist Du nun mit Deiner Hilfengebung gefragt. Hier kommen Deine Unterschenkel ins Spiel. Mit Deinem inneren, treibenden Schenkel am Gurt kannst Du den Brustkorb des Pferdes etwas nach außen schieben. Mit Deinem äußeren Bein musst Du

Abwenden auf den Zirkel.

diese Biegung begrenzen, damit Dein Pferd sich innen »hohl« macht, wie es in der Reitersprache heißt. Dabei nimmst Du Deinen äußeren Schenkel eine Handbreit zurück, mit ihm wirkst Du auf die Hinterhand Deines Pferdes ein und begrenzt sie. Mit Deinem äußeren Zügel begrenzt Du die äußere Schulter. Somit hast Du einen Großteil des Pferdekörpers für die Biegung abgedeckt.

Ein ganz wesentlicher Bereich sind noch der Hals und das Genick Deines Pferdes. Den Hals kann das Pferd vom Halsansatz (vor seinem Widerrist) nach rechts und links wenden. In seinem Genick kann es seinen Kopf nur leicht nach beiden Seiten drehen. Das wird in der Reitersprache Stellung genannt. Das Pferd soll beim Reiten immer etwas nach innen gestellt sein. So siehst Du, ob Dein Pferd richtig gestellt ist: Du solltest das jeweils innere Auge und den inneren Nüsternrand blitzen sehen.
Zusammengefasst versteht man unter Stellung die seitliche Ausrichtung von Hals und Kopf des Pferdes, während die Biegung sich auf das gesamte Pferd bezieht.
Sitz und Hilfengebung des Reiters sehen auf allen gebogenen Linien gleich aus, auch wenn sich der Grad der Biegung des Pferdes unterscheidet.

Die Hufschlagfiguren und wie sie geritten werden

In der Reitbahn

Sobald Du frei in der Reitstunde reiten darfst, wird es Zeit, dass Du Dich mit den so genannten Bahnfiguren oder Hufschlagfiguren beschäftigst. Das sind die vorgegebenen Linien, auf denen Du Dich in der Bahn bewegst. Das Reiten von Hufschlagfiguren ist Gymnastik für das Pferd. Durch ständiges Wiederholen der Hufschlagfiguren, natürlich in verschiedenen Kombinationen, wird die Kommunikation zwischen Dir und Deinem Pferd immer besser. Schau Dich einmal in der Reitbahn (auch Viereck oder Dressur-Viereck genannt) um. Die Reitbahn hat zwei lange und zwei kurze Seiten. Die langen Seiten sind normalerweise 40 Meter lang, die kurzen 20 Meter. (Es gibt auch Reitbahnen mit den Maßen 20 x 60 Meter.) Außen an der Bande entlang führt der Hufschlag, in den Ecken ist er abgerundet. Neben dem eigentlichen Hufschlag gibt es noch einen zweiten Hufschlag und auch einen dritten, aber das muss Dich erst einmal nicht interessieren. Der zweite Hufschlag liegt etwa zwei Meter in Richtung Bahnmitte.

Die Bahnpunkte

Am Hufschlag entlang an der Begrenzung der Reitbahn liegen die Bahnpunkte. Sie geben Dir den Weg für eine bestimmte Hufschlagfigur vor. Diese Punkte findest Du auf dem Viereck:
- Auf der Mitte der kurzen Seiten liegen die Punkte A und C.
- Jeweils sechs Meter nach der Ecke an der langen Seite liegen die so genannten Wechselpunkte M, F, K und H.
- Auf der Mitte der langen Seiten liegen die Punkte B und E.
- Jeweils zehn Meter nach der Ecke der langen Seiten liegen die Zirkelpunkte, die wirklich als Punkte gekennzeichnet sind.
- Genau in der Mitte des Vierecks liegt der Punkt X. Diesen Punkt musst Du Dir vorstellen, da man ihn ja nicht auf dem Hallenboden aufmalen kann.

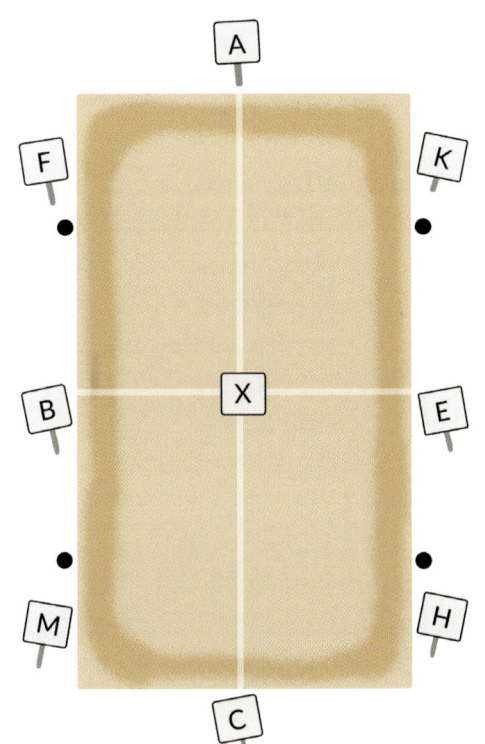

Die Figuren in Dressurprüfungen, die auf Reitturnieren geritten werden, sind mit all diesen Bahnpunkten beschrieben. Spätestens wenn Deine Teilnahme in einer E-Dressur-Prüfung ansteht, solltest Du wissen, wie die Punkte heißen und wo sie liegen. Die Dressuraufgaben findest Du im Aufgabenheft der Deutschen Reiterlichen Vereinigung e.V. (FN).

Die Mittellinie verläuft von A nach C, die Verbindung E nach B teilt das Viereck in die halbe Bahn.

Tipp

Ich merke mir die Bahnpunkte mit folgender Eselsbrücke: »Alle Kühe Essen Heu, Cälber Mögen Besseres Futter.«

Verschiedene Hufschlagfiguren

Lass uns nun ein paar Hufschlagfiguren gemeinsam reiten.

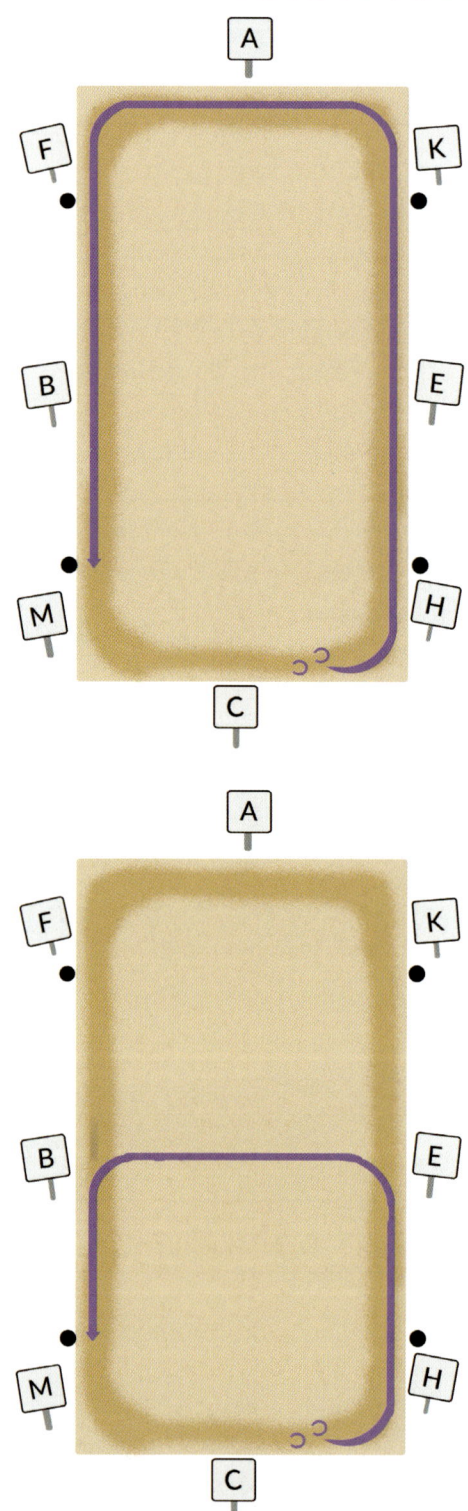

Ganze Bahn

Beim Ganze-Bahn-Reiten bewegst Du Dich auf Deinem Pferd auf dem ersten Hufschlag außen an der Bande entlang. An den langen Seiten und an den kurzen Seiten ist das Pferd gerade gerichtet.

Die Ecken werden als Viertelvolten abgerundet. Dein Pferd soll dabei schön vorwärts gehen.

Sitze gleichmäßig auf Deinen Gesäßknochen, Deine Schenkel liegen am Gurt. In den Ecken stellst Du das Pferd nach innen und belastest Deinen inneren Gesäßknochen etwas mehr. Dein innerer Schenkel bleibt am Gurt, Dein äußerer liegt leicht verwahrend hinter dem Gurt. Nach der Ecke stellst Du Dein Pferd wieder gerade.

Halbe Bahn

Die halbe Bahn ist die verkleinerte ganze Bahn. Die lange Seite wird halbiert, sodass statt des Rechtecks der ganzen Bahn das Quadrat der halben Bahn entsteht. Zwei Ecken der halben Bahn entstehen bei den Bahnpunkten E und B. Bei dieser Übung wechselst Du schneller zwischen Geradeaus-Reiten und Durch-die-Ecke-Reiten.

Cavaletti-Blöcke als Wegweiser:
Hier wird das Ecken-Ausreiten geübt.

Durch die ganze Bahn wechseln

Bei dieser Hufschlagfigur wendest Du am ersten Wechselpunkt der langen Seite ab und durchquerst das Viereck hin zum Wechselpunkt auf der anderen Seite. Es kommt dabei zu einem Handwechsel. Reite die zweite Ecke der kurzen Seite aus, stell danach Dein Pferd gerade und wende am Wechselpunkt ab. Beim Abwenden belastest Du Deinen inneren Gesäßknochen etwas mehr, Dein innerer Schenkel liegt am Gurt, und mit dem inneren Zügel führst Du das Pferd auf die Verbindungslinie. Deinen äußeren Schenkel und den äußeren Zügel lässt Du schön

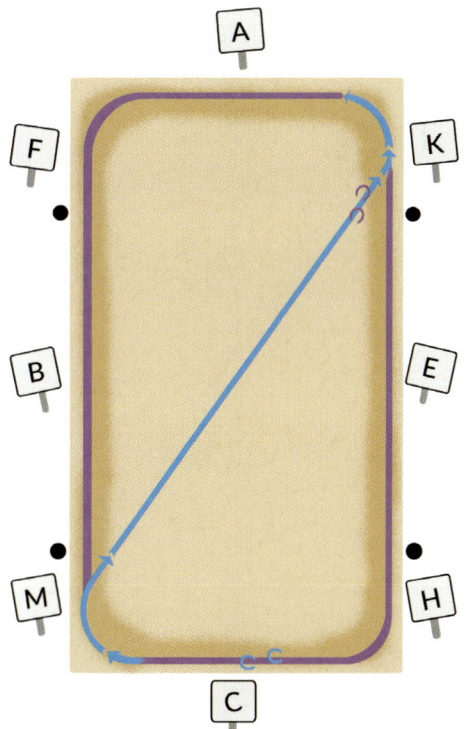

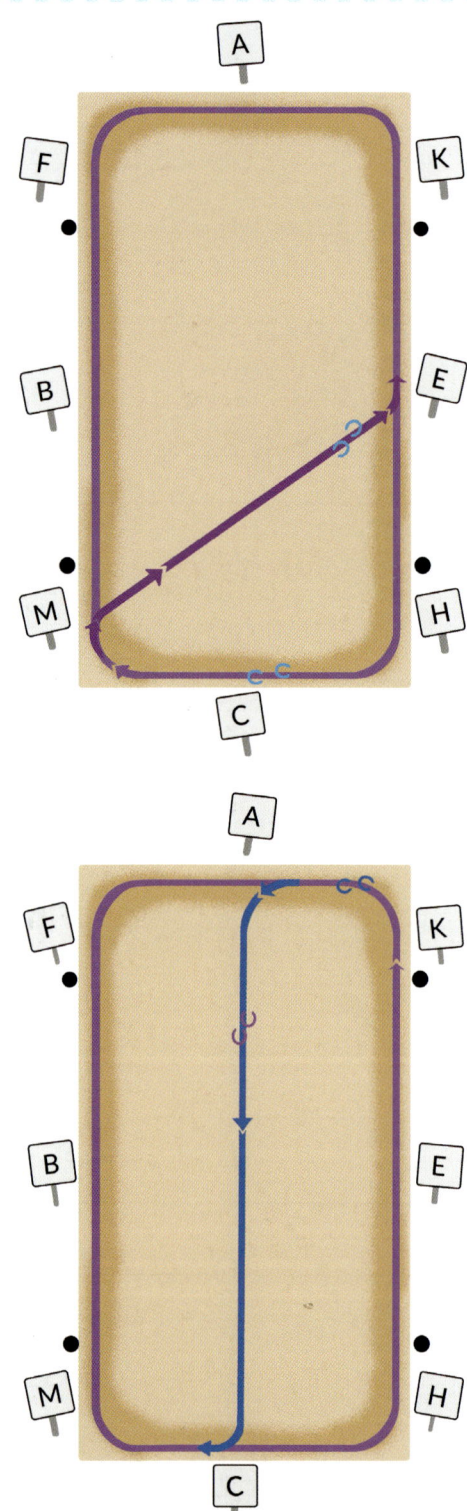

dran. Auf dem Weg zum Wechselpunkt stellst Du das Pferd gerade. Du
sitzt gleichmäßig auf beiden Gesäßknochen, Deine Schenkel liegen am
Gurt. Schau in Richtung des Punkts,
an dem Du ankommen möchtest.
Nach der Wendung beim Erreichen
des Hufschlags wird das Pferd kurz
gerade gestellt. Reite dann wieder
tief in die Ecke hinein. Du kannst
auch durch die halbe Bahn wechseln,
dabei wendest Du am ersten Wechselpunkt der langen Seite ab und
reitest dann zu den Halbe-Bahn-
Punkten auf der gegenüberliegenden
langen Seite, also zu B oder E.

Durch die Länge der Bahn wechseln

Bei dieser Hufschlagfigur wendest
Du in der Mitte der kurzen Seite auf
die Mittellinie ab. Die Mittellinie
verbindet die Mittelpunkte der
kurzen Seiten, die Bahnpunkte A und
C. Beim Erreichen des Hufschlags
auf der gegenüberliegenden kurzen
Seite wird die Hand gewechselt.
Du wirst bei dieser Hufschlagfigur
schnell merken, dass das Geradeaus-Reiten gar nicht so leicht ist.
Reite tief in die erste Ecke der
kurzen Seite hinein. Das Abwenden
auf die Mittellinie musst Du früh
einleiten, da Du wie in der Ecke auch
in einem Bogen auf die Mittellinie

reitest. In der Wendung stellst Du
Dein Pferd nach innen und belastest
den inneren Gesäßknochen stärker.
Dein innerer Schenkel liegt am Gurt,
der äußere Schenkel liegt verwahrend hinter dem Gurt. Sobald Du auf
die Mittellinie kommst, stellst Du
Dein Pferd gerade und belastest
beide Gesäßknochen. Deine Unterschenkel liegen gleichmäßig treibend
am Gurt. Schau auf den Punkt, an
dem Du mit Deinem Pferd ankommen möchtest.

Es gibt auch die Hufschlagfigur
»Durch die Länge der Bahn geritten«.
Sie ist aufgebaut wie »Durch die
Länge der Bahn wechseln«, nur ohne
Handwechsel. Wenn Du von der
rechten Hand kommst, wendest Du
wieder nach rechts ab, kommst Du
von der linken Hand, wendest Du
wieder nach links ab. Beim Reiten
auf der Mittellinie zeigt sich, wie
ausbalanciert Dein Pferd ist.

Die Mittellinie spielt zu Beginn
und am Ende einer Dressur-
prüfung eine wichtige Rolle. Beim
Einzelreiten grüßt der Reiter auf
der Mittellinie meistens am Punkt
X. Versuch doch mal, bei X zu
halten.

»Durch die Länge der Bahn geritten« steht
heute auf dem Programm. Schau, dass Du
bei dieser Hufschlagfigur immer genau den
Bahnpunkt A oder C im Blick hast, dann
klappt das Geradeaus-Reiten.

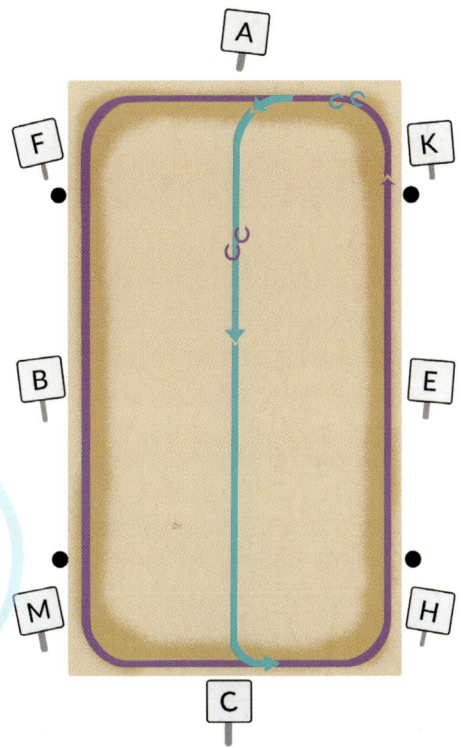

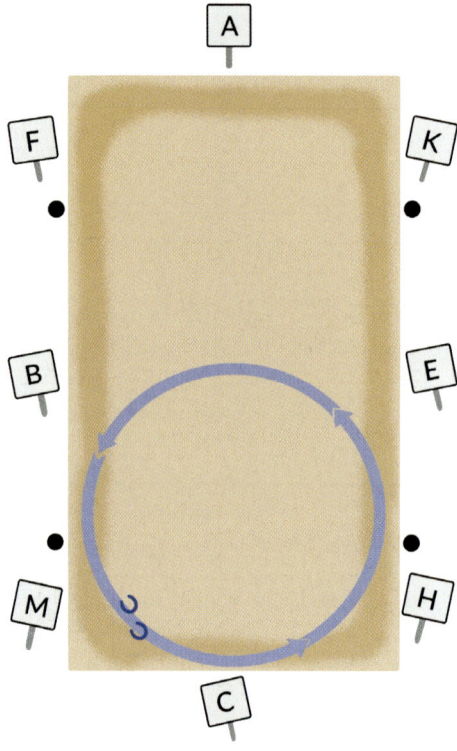

Der Zirkel

Der Zirkel ist ein Kreis mit einem Durchmesser von 20 Metern. Der Zirkel bei A berührt den Hufschlag an drei Punkten: bei A und an den beiden Zirkelpunkten, die jeweils 10 Meter von der Ecke der Bahn entfernt sind. Der Zirkel bei C trifft den Hufschlag bei C und an den beiden Zirkelpunkten dieser Bahnhälfte. Beide Zirkel treffen sich am X-Punkt. Mal Dir doch mal ein Viereck mit den Bahnpunkten auf und zieh den Kreis des Zirkels nach.

Der Zirkel ist eine der wichtigsten Hufschlagfiguren, junge Pferde werden in ihrer Ausbildung gerne auf den Zirkeln geritten.

Auf der Zirkellinie stellst Du Dein Pferd nach innen. Dein innerer Zügel gibt Deinem Pferd die Innenstellung vor, während der äußere Zügel weit genug nachgibt, um diese Stellung zu erreichen. Dein Pferd darf nicht über die äußere Schulter ausbrechen. Du sitzt etwas mehr auf Deinem inneren Gesäßknochen und führst Deine äußere Schulter vor. Bleib im Oberkörper gerade. Deine Schultern sind parallel zu den Schultern Deines Pferdes in der Bewegungsrichtung auf der Zirkellinie. Dein äußerer Schenkel liegt verwahrend zwei bis drei Handbreit hinter dem Gurt, damit hältst Du die Hinterhand des Pferdes auf der Zirkellinie in der gewünschten Biegung. Ein korrekt gerittener Zirkel ist die Grundlage für alle gebogenen Linien.

Es gibt auch die Hufschlagfiguren »Zirkel-Verkleinern« und »Zirkel-Vergrößern«. Dabei reitest Du immer kleinere Zirkel – vergleichbar mit der Figur einer Schnecke. Vom kleinsten Zirkel führst Du das Pferd Schritt für Schritt auf den großen Zirkel zurück.

Aus dem Zirkel wechseln

Aus dem Zirkel gewechselt wird
immer beim X-Punkt aus dem Zirkel
bei A zum Zirkel bei C oder umge-
kehrt. Bei X wird das Pferd für einige
Schritte gerade gestellt und dann auf
die neue Zirkellinie umgestellt. So
entsteht die Figur, die »Acht«.
Bei dieser Hufschlagfigur geht es
zunächst um einen Handwechsel.
Die Übung eignet sich aber auch gut
zum Lösen des Pferdes und zur
Gymnastik.

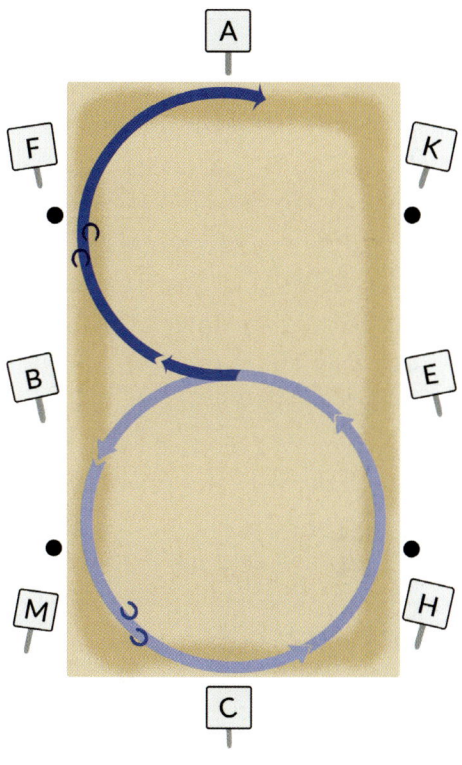

Einfache Schlangenlinie an der langen Seite

Entlang der langen Seite der ganzen
Bahn wird von Wechselpunkt zu
Wechselpunkt eine Schlangenlinie
geritten. Dabei reitest Du vom
ersten Wechselpunkt einen Bogen in
die Bahn hinein. Auf Höhe des
Halbe-Bahn-Punktes (E oder B)
solltest Du 5 Meter vom Hufschlag
entfernt sein. Dein Reitlehrer wird
am Anfang sicher ein Hütchen als
Orientierungspunkt aufstellen, um
das Du herumreiten musst. Sobald
Du an diesem Punkt vorbei bist, geht
es zurück zum zweiten Wechselpunkt der langen Seite.

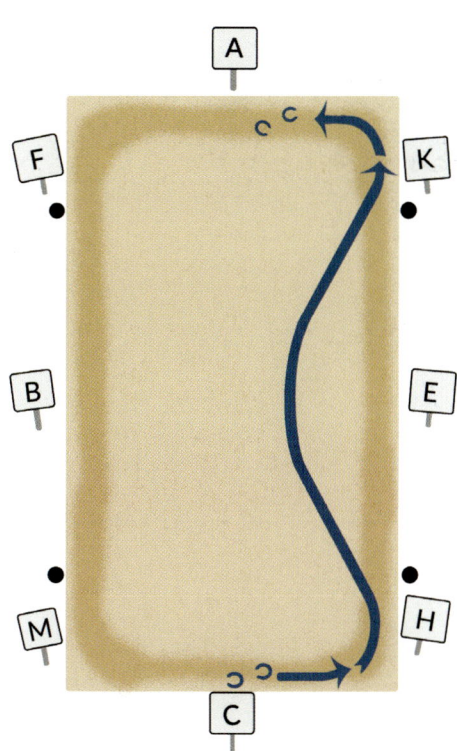

Die einfache Schlangenlinie gehört auch zu den lösenden Übungen. Sie verlangt ein geschmeidiges Wechseln von Links- und Rechtsstellung und -biegung. Erst einmal musst Du korrekt durch die Ecke reiten. Dein Pferd ist nach innen gestellt. Am Wechselpunkt wendest Du ab. In der Schlangenlinie wird das Pferd vorsichtig umgestellt und in die andere Richtung gebogen. Du belastest nun den anderen Gesäßknochen, Dein vorher äußerer Schenkel kommt nach vorne an den Gurt, Deinen vorigen Innenschenkel nimmst Du nun verwahrend hinter den Gurt. Auf Höhe des Halbe-Bahn-Punktes ist der höchste Punkt der Schlangenlinie erreicht, der 5 Meter innerhalb der Bahn liegt, also exakt zwischen der Mittellinie und dem Hufschlag. Nun geht der Bogen wieder zum Hufschlag zurück. Vor dem Wechselpunkt wird das Pferd erneut umgestellt. Nach Erreichen des Hufschlags wird das Pferd gerade gestellt und danach tief in die Ecke geritten. Wenn Du die Schlangenlinie im Leichttraben reiten solltest, dann musst Du beim Umstellen des Pferdes auch den Fuß wechseln.

Damit es die Reitschüler anfangs bei der »Einfachen Schlagenlinie« leichter haben, werden Pylonen passend aufgestellt.

Doppelte Schlangenlinie

An der langen Seite kann auch eine »Doppelte Schlangenlinie« geritten werden. Dabei hat Deine Schlangenlinie zum anderen Wechselpunkt hin zwei Bögen. Dann gibt es noch die Hufschlagfigur »Schlangenlinie durch die Bahn«, sie kann mit drei oder vier Bögen angelegt werden.

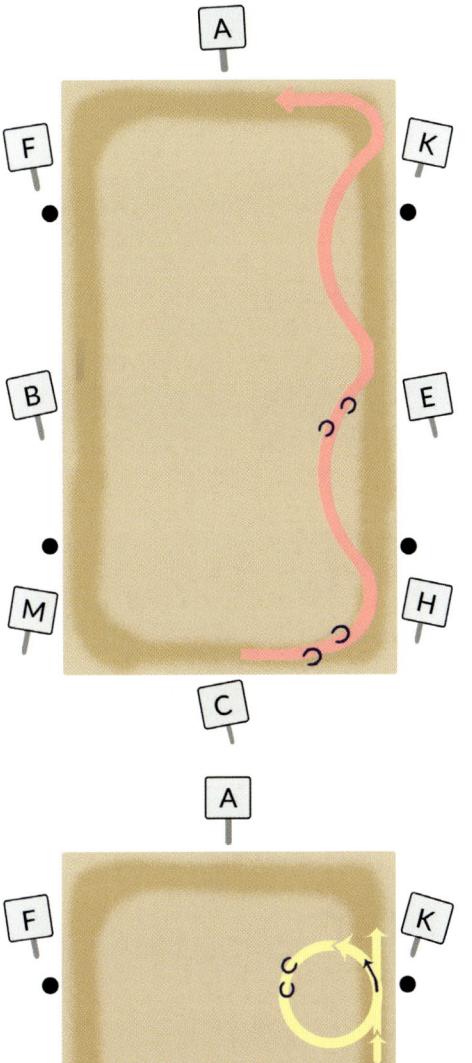

Die Volte

Die Volte ist ein Kreis mit einem Durchmesser von 10 oder 8 Metern. Volten werden meist vom Hufschlag der ganzen Bahn aus geritten.

Die Volte ist die engste gebogene Linie für Anfänger. Sie beginnt und endet am selben Punkt. In der Volte stellst Du Dein Pferd deutlich nach innen. Wenn Dein Pferd die gewünschte Stellung erreicht hat, wird Deine Zügelverbindung leicht. Der Außenzügel begrenzt Dein Pferd nach außen, Dein äußerer Schenkel liegt verwahrend hinter dem Gurt.

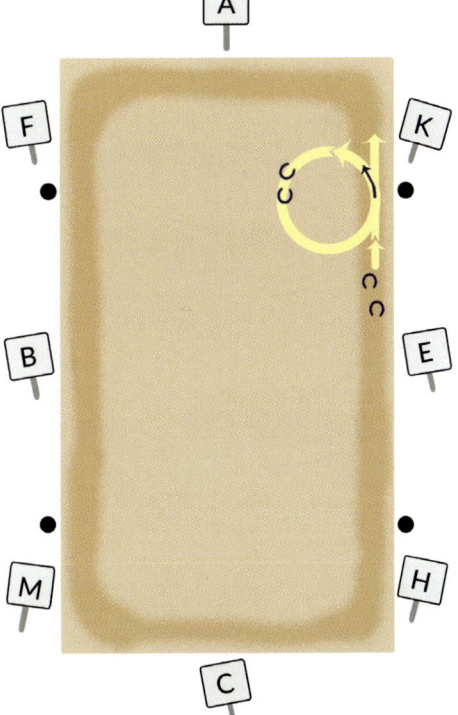

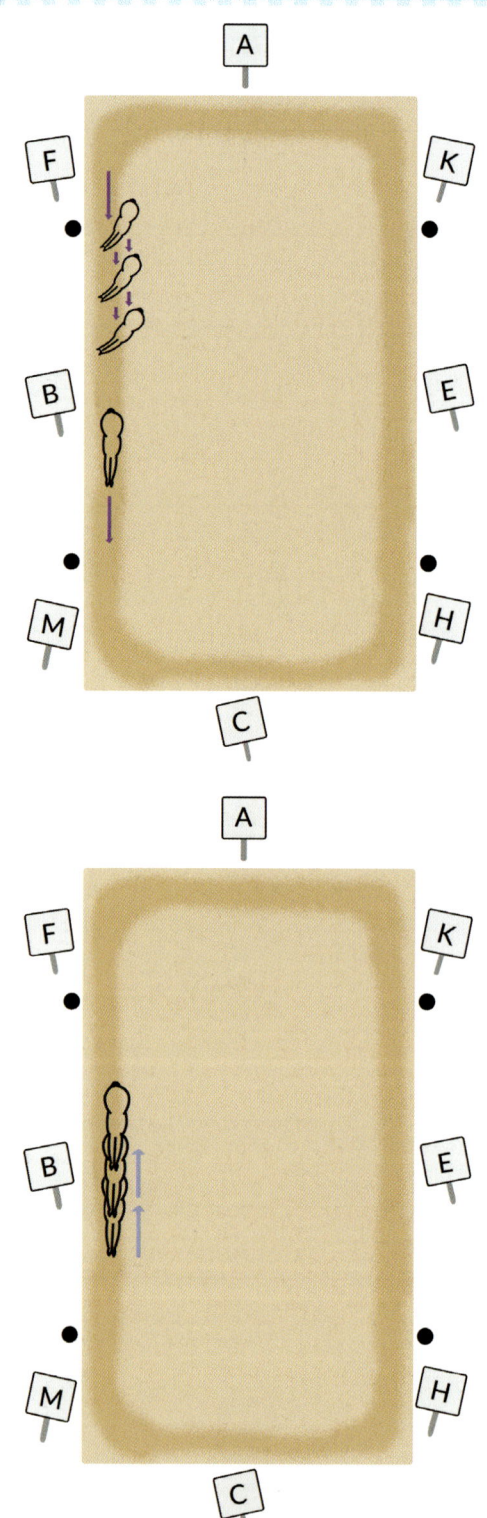

Schenkelweichen

Das Schenkelweichen ist eine Vorwärts-Seitwärts-Bewegung, bei der das Pferd die Beine kreuzen soll. Diese Lektion wirst Du sicher bald in der Reitstunde üben.

Schenkelweichen kann auf verschiedenen Linien angelegt werden. Oft wird es entlang der langen Seite der ganzen Bahn geritten. Soll das Pferd dem äußeren Schenkel weichen, wird es nach außen gestellt. Der außen liegende Schenkel treibt das Pferd vorwärts-seitwärts, so dass die Hinterhand des Pferdes in die Bahn gedreht wird. Dabei liegt der vorwärts-seitswärtstreibende Schenkel weiter hinten als der normale treibende Schenkel, d.h. leicht hinter dem Gurt. Diese Bewegung wird durch den verwahrenden Schenkel auf der Innenseite der Bahn aufgefangen. Der Reiter belastet vermehrt den inneren Gesäßknochen. Damit ausreichend Vorwärts in der Bewegung erhalten bleibt, sollte das Pferd mit seinem Körper nicht mehr als 45 Grad vom Hufschlag abgestellt werden.

Rückwärtsrichten

Beim Rückwärtsrichten tritt das stehende Pferd mit den diagonalen Beinpaaren auf einer geraden Linie rückwärts. Es soll meist eine Pferdelänge zurücktreten, das entspricht ca. dreieinhalb Tritten. Der letzte Tritt ist ein halber, damit das Pferd wieder geschlossen steht, das heißt Vorder- und Hinterbeine stehen nebeneinander. Aus dem Halten heraus bringst Du Deine Schenkel leicht zurück hinter den Gurt, Dein Oberkörper neigt sich ganz minimal vor.

Von dort aus treibst Du gegen die durchhaltende Zügelhilfe. Das Pferd versteht so, dass es nicht nach vorne losgehen soll. Sobald das Pferd rückwärts tritt, wird Deine Zügelhilfe leichter. Zum Beenden der Lektion legst Du Deine Schenkel wieder in die Position am Gurt und sitzt aufrecht.

Buch-Tipp:
Britta Schön: Hufschlagfiguren und Lektionen E bis A, Stuttgart 2010

SCHAU ONLINE:

Im Online-Anhang erwarten Dich das Literaturverzeichnis sowie weitere interessante Informationen, unter anderem zum Kauf des ersten eigenen Pferds, zu den verschiedenen Reitabzeichen, den Turnierprüfungen für Einsteiger und einiges mehr. Du erreichst die Extra-Seiten über den abgebildeten QR-Code oder über folgenden Link:

http://mein.mueller-rueschlikon. de/42043

Springen lernen

Vielleicht interessierst Du Dich ganz besonders für das Springreiten und hast schon begeistert mit den Spring-Profis bei Übertragungen von Reitturnieren im Sport-Programm mitgefiebert. Springreiten ist toll, aber verlangt Dir und Deinem Pferd auch eine ganze Menge ab. Zum Springen brauchst Du unter anderem ein schnelles Reaktionsvermögen, Mut, natürlich einen ausbalancierten Sitz und fein abgestimmte Hilfen.

Grundsätzlich solltest Du als Springanfänger Deine ersten Springstunden auf einem sicheren Springpferd absolvieren. Können Reiter und Pferd beide noch nicht springen, kann das böse enden.

Bevor Du an das Absolvieren eines Parcours überhaupt denken kannst, ist erst einmal das Reiten über Stangen angesagt.

Erst über eine Stange

Sobald Du sicher im Sattel sitzt, wird Dein Reitlehrer Stangen (später auch Cavaletti) in die Reitbahn legen, über die es dann zu reiten gilt. Anfangs ist es am einfachsten, die Stange auf dem ersten Hufschlag zu platzieren, später wird er sie auf der Zirkellinie oder an einem beliebigen Ort in der Reitbahn auslegen. Du wirst den Schritt über eine Stange kaum spüren. Das Pferd hebt seine Beine dabei nur ein wenig höher und wölbt den Rücken auf. Über der Stange dehnt das Pferd seinen Hals nach vorwärts-abwärts, das wirst Du deutlich spüren. Dabei solltest Du im richtigen Moment etwas mit beiden Zügel-fäusten Richtung Pferdemaul nachgeben, damit das Pferd sich schön strecken kann. Wichtig ist, dass Du die Stange immer mittig anreitest.

Nach dem Schritt ist der Trab dran. Versuche nun, eine Stange im Trab zu überwinden. Dabei trabst Du immer leicht. Um den Pferderücken über der Stange zu entlasten, bleibst Du ganz kurz im Bügel stehen, dann kannst Du wieder einsitzen. Beim Überwinden der Stange gehst Du mit dem Oberkörper wieder schön vor.

Wenn das gut klappt, kannst Du eine Trabrunde über mehrere Stangen versuchen. Dein Reitlehrer wird Dich dabei sicher unterstützen und Dir helfen, solltest Du aus dem Takt und aus dem Gleichgewicht kommen.

Geschafft! Den ersten Ritt über eine Stange haben diese beiden locker gemeistert.

Vielleicht bietet Dein Reitlehrer auch so genannte Cavaletti-Stunden an. Wenn Du wirklich springen möchtest, solltest Du keine auslassen. Hier kannst Du ganz viel Erfahrung beim Reiten im Entlastungssitz und im leichten Sitz sammeln, bevor Du überhaupt den ersten Sprung anreitest.

Der erste Sprung über ein Kreuz

Dein Reitlehrer hat ein kleines Kreuz für Dich aufgebaut. Es ist wichtig, dass Du dieses Hindernis mittig anreitest. Wenn Du das Kreuz aus dem Leicht-traben anreiten sollst, gehst Du kurz vor dem Sprung in den leichten Sitz. Am Sprung gehst Du mit Deinem Oberkörper aus der Hüfte mit den Bewegungen des Pferdes mit und nimmst Deinen Po deutlich aus dem Sattel. Geh mit Deiner Hand nach vorne mit, aber versuch auf jeden Fall, die Verbindung zum Pferdemaul zu halten. In der Landephase richtest Du Dich wieder auf und federst die Landung in den Steigbügeln mit Deinen Fuß- und Kniegelenken ab.

Steilsprung und Oxer

Der Steilsprung: Das ist das einfachste Hindernis im Parcours. Er besteht aus zwei Ständern und einer oder mehreren Stangen, die zwischen den Ständern eingehängt werden. Auf Turnieren findet man diese Form von Hindernissen in Höhen zwischen 0,80 und 1,60 m.

Der Oxer: Dieses Hindernis wird auch als Hoch-weitsprung bezeichnet, da das Pferd nicht nur noch oben, sondern auch nach vorne springen muss. Der Oxer wird aus vier Ständern gebaut. Dabei besteht der hintere Teil des Hindernisses nur aus einer Stange. Ein Oxer darf daher nur in eine Richtung gesprungen werden. Auf Turnieren findet man diese Hindernisform bis zu einer Höhe von 1,60 m und einer Weite bis zu 2,00 m.

Sprung über einen Oxer.

Diese Polnische Warmblut-Stute ist ein echtes Verlasspferd. Ihre ersten Erfahrungen im Gelände sollten Reitanfänger immer auf sicheren Geländepferden machen.

Reiten im Gelände

Pferd und Reiter müssen passen

Du träumst bestimmt schon lange davon, endlich mit einer Gruppe ins Gelände zu reiten und gemeinsam mit Deinem Pferd die Natur zu entdecken. Auch als Anfänger muss der Ausritt kein unerreichbarer Wunschtraum bleiben. Sobald Du in allen Gangarten problemlos im Sattel sitzt, selbstständig in der Reitbahn verschiedene Aufgaben bewältigen kannst und die Hilfengebung für Dich ganz selbstverständlich geworden ist, kann es losgehen. Wundere Dich aber nicht, Dein sonst in der Reitbahn so gemütlich dahinschlenderndes Pferd kann im Gelände viel aufgeweckter sein.

Ganz egal, ob Reitbahn oder Gelände, Pferd und Reiter müssen gut zusammenpassen. Im Allgemeinen gilt: Je jünger und unerfahrener Du bist, umso erfahrener sollte Dein Pferd sein.

Sensible, schreckhafte oder temperamentvolle Pferde sollten von fortge-schrittenen Reitern mit ausreichend Erfahrung geritten werden. Und ängstli-che Reiter fühlen sich auf kleineren, kompakten und gemütlichen Pferden wohl. Dein Reitlehrer wird ganz sicher das passende Pferd für Dich aussu-chen, sodass Dein erster Geländeritt zu einem wunderbaren Erlebnis für Dich wird.

Die Ausrüstung für Reiter & Pferd

Natürlich gilt im Gelände Helmpflicht, auch eine Schutzweste ist zu empfeh-len. Vor allem ängstliche Reiter sollten eine solche Weste tragen, denn sie gibt ihnen Sicherheit.

Bei Geländeritten kommt man manchmal in die Dunkelheit, daher ist das Tragen von Leuchtartikeln wichtig. Es gibt etliches Zubehör für Reiter und Pferd, das mit Reflektoren ausgestattet ist: Jacken, Westen, Decken, Schabra-cken, Gamaschen usw.

Das Pferd ist in der Regel zusätzlich mit Gamaschen zum Schutz der Beine ausgerüstet. Unbeschlagene Pferde tragen bei Ausritten häufig Hufschuhe zur Schonung der Hufe vor Abrieb.

Sicher ist sicher: Sobald das Risiko besteht, in die Dunkel-heit zu kommen, solltest Du Dich und Dein Pferd mit Leuchtartikeln ausrüsten. Es ist wichtig, dass Reiter und Pferd für Autofahrer gut sichtbar sind.

Wenn Du einmal einen ausgiebigen Galopp im Gelände genießen möchtest, solltest Du den leichten Sitz beherrschen. Ein Pferd kann nur kontrolliert im leichten Sitz geritten werden, wenn es wie im Dressursitz an den Hilfen steht. Auch im leichten Sitz sollte es nur durch treibende Hilfen vorwärts gehen und sich auch problemlos wieder zurücknehmen lassen.

Ein guter Reiter sitzt gut

Im Gelände wird für gewöhnlich leichtgetrabt, im Galopp wird im leichten Sitz geritten. Es gibt viele Reiter, die auch im Gelände Dressuraufgaben mit ihren Pferden reiten, als Gymnastik-Stunde zum Muskelaufbau und um sie fit zu halten. Das ist eine schöne Abwechslung für Pferde, mal außerhalb von Halle oder Platz zu trainieren.

Gutes Leichttraben kommt ohne übermäßige Bewegungen aus und lässt Dich nicht aus der Puste geraten. Sind Deine Steigbügel zu lang, nimmt Du die Ferse beim Aufstehen hoch, sind sie zu kurz, wirst Du zu weit über dem Sattel stehen. Frag ruhig Deinen Reitlehrer nach der optimalen Bügellänge.

Anfangs fällt es oft schwer, die Hände schön ruhig in der richtigen Position zu halten. Helfen kann es, wenn Du die beiden kleinen Finger leicht in den Maria-Hilf-Riemen einhakst. Dieser Riemen ist oben am Sattel eingeschnallt und wird Dir Sicherheit geben, wenn Du mal Dein Gleichgewicht verlieren solltest.

Auch das liebste und gelassenste Pferd kann sich im Gelände erschrecken, darauf solltest Du vorbereitet sein. Du kannst auch mit den Fingerknöcheln Kontakt zum Pferdehals rechts und links vom Widerrist halten. Das ist besser, als unkontrolliert mit den Händen zu wackeln. Wenn Du länger trabst, dann solltest Du auch im Gelände regelmäßig umsitzen, um Dein Pferd nicht einseitig zu belasten. Bleib dafür einfach einmal länger sitzen.

In der Abteilung unterwegs

Am Anfang der Gruppe reitet ein erfahrener Reiter mit einem sicheren Geländepferd. Auch ganz hinten sollte ein fortgeschrittener Reiter sein, der Probleme erkennt und notfalls eingreifen kann. Auf breiten Wegen reitet man zu zweit nebeneinander, damit die Gruppe nicht so stark auseinandergezogen wird. Auf schmalen Wegen oder beim Vorbeireiten an Spaziergängern, Radfahrern usw. geht es auf das Kommando »Einreihen« hintereinander her.

An Fußgängern reitet man immer im Schritt vorbei, auch ein freundliches »Hallo« ist wichtig.

Das Tempo und die Länge eines Ausritts werden immer vom schwächsten Pferd-Reiter-Paar abhängig gemacht! Änderungen in Tempo und Richtung ruft man sich zu, oder man vereinbart vorher Handsignale. Insgesamt ist immer auf die Sicherheit aller zu achten. Wettrennen, andere Pferd-Reiter-Paare unkontrolliert zu überholen, zu dicht aufzureiten, all das sollte möglichst unterlassen werden.

Das ist im Gelände erlaubt

Möchtest Du eine Straße überqueren oder an Straßen entlangreiten, dann gilt für Dich die Straßenverkehrsordnung. Dafür solltest Du die Hauptverkehrsschilder kennen. Im Straßenverkehr ist das Pferd ein offizieller Verkehrsteilnehmer, egal ob es geritten oder geführt wird. Rechtlich gesehen gilt das Pferd als ein sich langsam bewegendes Fahrzeug (1 PS), und das bedeutet: Alle Verkehrsschilder gelten auch für den Reiter. Einbahnstraßen darfst Du nicht in Gegenrichtung durchreiten, und Stoppschilder musst Du beachten. Du musst mit Deinem Pferd am rechten Fahrbahnrand bleiben, genauso als wärst Du mit Deinem Fahrrad unterwegs. Es ist nicht erlaubt, mit einem Pferd auf dem Gehweg zu reiten oder Fahrradwege zu benutzen. Wenn Du abbiegst, musst Du das durch Handzeichen ankündigen. Natürlich solltest Du Dich nur mit einem »verkehrssicheren« Pferd auf Straßen wagen. Plötzlich auftauchende Traktoren, LKWs & Co. können die Pferde ganz schön erschrecken, was nicht ungefährlich ist.

Im Wald darfst Du in der Regel auf befestigten Wegen reiten, die breiter als 3 Meter sind. Die Bestimmungen im Wald sind allerdings von Bundesland zu Bundesland verschieden. Auf Wirtschaftswegen darfst Du reiten, aber Achtung, auch wenn es noch so zum Drübergaloppieren reizt: Das Reiten über Wiesen ist nicht gestattet.

Möchte man in der Gruppe eine Straße überqueren, geht man folgendermaßen vor: Bei befahrenen Straßen halten der erste und der letzte Reiter den Verkehr mit Handzeichen an und stellen sich auf die Fahrbahn, sobald die Autos stehen. So kann dann die Gruppe die Kreuzung überqueren. In der Gruppe muss man darauf achten, dass die Abstände untereinander nicht zu groß werden. Unsichere Pferde und auch Reiter befinden sich stets innerhalb der Gruppe.

Um im Gelände sicher zu werden, solltest Du immer wieder Ritte auf unterschiedlichen Pferden absolvieren. Je mehr Erfahrung Du sammeln kannst, umso sattelfester wirst Du werden.

Viel Spaß dabei!

Impressum

Einbandgestaltung und Titelfoto: Nicola van Ravenstein, Verden (Aller)

Bildnachweis: Archiv Urte Biallas: S. 79 unten; Meike Bölts, www.fotojournalismus-boelts.de: S. 53, 112, 115, 117, 119, 120, 121, 122, 124, 125, 126, 127, 128; Edition Boiselle: S. 20 unten links; Katrin Brendle, www.brendle-foto-grafie.de: S. 18, 23 unten rechts, 25, 26 oben links, 27, 29 oben links, 29 unten links und rechts, 30 oben rechts und unten, 31, 34, 35, 36, 37, 38/39, 40, 42, 43, 44, 45, 49, 60, 61, 63, 72, 73, 74, 75 unten, 76, 77, 78, 79 oben, 80, 81, 86, 88, 89, 91, 93, 94, 95, 97, 98, 99, 100, 103, 104, 105, 106, 107, 110/111, 133, 134, 135, 136, 138, 139 unten, 140, 141, 143, 144, 145, 147, 156, 157, 158, 159, 160, 161, 163, 165, 167, 169, 172, 176, 179, 180, 181; Claudia Eggart: S. 96, 175; Monika Hannawacker: S. 82, 83, 84, 85; Privat: S. 5, 75 oben; Jörg Raddatz: S. 16 oben; Archiv Sabine Schweickert: S. 67, 68, 70; Christiane Slawik: S. 9, 48, 52, 54, 65; Nicola van Ravenstein: S. 6, 7, 10, 12, 19, 32, 59, 87, 102, 108, 129, 131, 132, 139 oben, 142, 146, 148, 149, 150, 151, 152, 154, 155 sowie alle Zeichnungen. ©aimokinnas / Fotolia.com: S. 47; ©anjajuli / Fotolia.com: S. 45 oben rechts; ©callipso88 / Fotolia.com: S. 21 unten links; ©countrypixel / Fotolia.com: S. 178; ©Dotana / Fotolia.com: S. 22; ©Farah-Diba / Fotolia.com: S. 26 unten links; ©S. Fischer / Fotolia.com: S. 20 oben links; ©Marion Flemming / Fotolia.com: S. 21 oben rechts; ©friedemeier / Fotolia.com: S. 15 links; ©gabe9000c / Fotolia.com: S. 24 rechts; ©girodjl / Fotolia.com: S. 30 oben links; ©gosiama-kosa / Fotolia.com: S. 21 oben links; ©guteksk7 / Fotolia.com: S. 62, 64, 66, 175; ©Nadine Haase / Fotolia.com: S. 23 unten links; ©hemlep / Fotolia.com: S. 26 rechts; ©horesemen / Fotolia.com: S. 20 oben rechts; ©Bettina Kuß / Fotolia.com: S. 177; ©majtas / Fotolia.com: S. 50; ©Viktoria Makarova / Fotolia.com: S. 24 links; ©malafo / Fotolia.com: S. 46; ©manu / Fotolia.com: S. 17; ©Lucian Milasan / Fotolia.com: S. 33 oben; ©mkoenen / Fotolia.com: S. 15 rechts; ©Naeblys / Fotolia.com: S. 12 (Weltkarte); ©NP-Fotografie / Fotolia.com: S. 29 oben rechts; ©Pelana / Fotolia.com: S. 21 unten rechts; ©Petair / Fotolia.com: S. 182; ©Cornelia Pretzsch / Fotolia.com: S. 27, 109; ©Thierry Sébaut / Fotolia.com: S. 23 oben links; ©Uryadnikov Sergey / Fotolia.com: S. 16 unten; ©Shjmyra / Fotolia.com: S. 33 unten; ©skmjdigital / Fotolia.com: S. 23 oben recht; ©spiritofamerica / Fotolia.com: S. 13; ©tierfotosbischof / Fotolia.com: S. 20 unten rechts; ©zuzule / Fotolia.com: S. 26 oben rechts.

ISBN 978-3-275-02043-0

Copyright © 2016 by Müller Rüschlikon Verlag
Postfach 103743, 70032 Stuttgart
Ein Unternehmen der Paul Pietsch Verlage GmbH & Co. KG
Lizenznehmer der Bucheli Verlags AG, Baarerstr. 43, CH-6304 Zug

1. Auflage 2016

Sie finden uns im Internet unter www.mueller-rueschlikon-verlag.de

Innengestaltung und Satz: Nicola van Ravenstein, Verden (Aller)
Druck und Bindung: Graspo CZ, 76302 Zlin
Printed in Czech Republic